翻篇

帆書（前樊登讀書）——編著

序言

說實話，我們也沒有想到這本書能有幸出版，以至於敲下這些文字的此刻，內心仍有些誠惶誠恐。千言萬語，末了只能化成一句話：感謝這世上還有閱讀。

十年前，樊登和三個好友一拍即合，帆書（原樊登讀書）就此誕生。十年後，「這個世界，每多一個人讀書，就多一份祥和」這句話，早已不再是一個空洞的口號。作為帆書旗下的官方帳號，帆書編輯部沿襲了樊登解讀好書的傳統，透過「遇見好書」專欄，每日為大家解讀一本好書。

百萬級帳號負責人、爆文寫手、剛出社會的新鮮人，以及數百個執筆的書稿作者……冥冥之中，大家結緣於此，與其說是命運，不如說是骨子裡的愛書基因。

從「遇見好書」專欄創立至今，已經兩年零六個月。回望來時路，難免生出幾分感慨：過去的九百多個日夜，像極了一場人與書的雙向奔赴。編輯部裡，大家曾為了一個選題唇槍舌劍、互不相讓，也曾為了一篇稿子裡的標題、措辭和標點小心翼翼、反覆斟酌。但也正是秉持著這種細緻乃至嚴苛的創作理念，我們才得以和很多真心愛書的人相遇。

有人數百天如一日來專欄打卡，寫下大段大段的讀後感；或是感慨某篇書稿為自己提供了一種全新的閱讀視角；或是因文中某句話、某個故事，解開了深埋多年的心結。

有人借著這個「樹洞」，傾訴成人世界裡的諸多不易，宣洩那些深夜裡無處安放的情緒。一場酣睡之後，抖抖心上的灰塵，重新出發。

這些年裡，我們聽到的最多的是「感謝」：感謝文字在平庸生活裡打開的那扇窗；感謝好書在喧囂塵世裡開闢的那方淨土；感謝那些表達者和讀者靈魂共振的無數個瞬間。

可是我們不敢、也愧於收下任何一句感謝。因為我們深知：真正能叫醒、療癒乃至塑造一個人的，從來都是書籍本身的力量。是《追風箏的孩子》裡，那句「為你，千千萬萬遍」；是《湖濱散記》裡，那座掩身林蔭深處的小木屋；是《流浪者之歌》裡，照見少年、青年、老年佛陀的那條河流……

在閱讀裡，沒有人是一座孤島，每本書都是一個世界。而每個人，總能找到屬於自己的那本「人生之書」——或解你所惑，或醫你之傷，或給你方向。

讓我們深有感觸的是，談到某本書，大家大多在感慨和它相遇得太晚：如若年輕時讀過《一位陌生女子的來信》，也許就不會在一段糟糕的關係裡浮浮沉沉、折了半條命；如若早一日看到《活法》，初入職場時的艱難、無助、彷徨和內耗或許可以減半；如若十年前就看了《薛西弗斯的神話》，可能就不會再苦苦糾結於「人生到底有何意義」的天問……

因此，我們決定將「遇見好書」專欄中的優質稿件結集成書，定名《翻篇》。希望能讓更多人在更早的年紀與經典相遇，也希望其中的精神價值能讓大家「翻開」書頁，「翻過」低谷，「翻走」煩憂。

本次編輯部精選了四十二篇文章，解讀的書籍涵蓋情緒、認知、為人、處事、生活、心態六個方面。日復一日的生活究竟有什麼意義？人生是否真的只有「內卷」一種活法？如何和原生家庭和解？怎麼平衡工作和生活……每篇文章，都在儘量為那些你最關心、煩惱的問題，提供一個參考指南。

清人張潮在《幽夢影》中說：「少年讀書，如隙中窺月；中年讀書，如庭中望月；老年讀書，如臺上玩月。皆以閱歷之淺深，為所得之淺深耳。」

有些書，年輕時囫圇吞棗讀完，總難解其中深意。有些書，因為晦澀或艱深，一直在書架上被束之高閣。你和它的相遇，其實只差這本《翻篇》。而讀完這篇文章的現在，故事，才剛剛開始。

帆書編輯部二〇二四年一月

目錄

第二章 【認知篇】人生自修

第三章 【為人篇】人生自洽

第四章 【處事篇】人生自立

第五章 【生活篇】人生自在

第六章 【心態篇】人生自渡

第一章　情緒篇

——人生自癒

如何面對生活中的挫折與痛苦？

——從《老人與海》中學會讓傷痛驅動成長

小時候，你是否曾因為摔倒在地，而痛得哇哇大哭？讀書時，你是否因考試失利，與自己的夢想失之交臂，沮喪絕望？工作後，你是否感慨生活的不易、人際的艱難，面對壓力和瑣碎的生活痛苦不堪？

每個人的一生都必然經歷痛苦與挫折，在海明威的《老人與海》中，我們或許能學到傷痛背後的成長心法。

二〇〇二年一月十五日，全球重要媒體都競相報導一則來自古巴的消息：一位名叫卡洛斯·富恩特斯的老漁民病逝，享年一〇四歲。

為什麼一位漁民的離世，會引起如此熱烈的關注？因為他正是《老人與海》這部小說主角聖地亞哥的人物原型。

一九五四年，海明威憑藉這部小說斬獲諾貝爾文學獎。一個簡單的老漁夫的故事，卻凝聚了海明威一生的人生哲學。如果世界是海，故事中那位平凡的老人便是芸芸眾生的縮影，這個故事告訴我們，唯有歷經痛苦才能實現自我的成長。正如海明威所說：「生活總是讓我們遍體鱗傷，但到後來，那些受傷的地方一定會變成我們最強壯的地方。」

痛苦，是人生的一部分

他每天出海打魚，已經連續八十四天一無所獲。起初四十天，還有個男孩跟隨他一起出海。但後來，男孩的父母認為老漁夫再也沒有好運，便安排男孩去跟另一條船。

於是聖地亞哥成了小漁村裡人盡皆知的倒楣鬼。年輕的漁夫，常常對他冷嘲熱諷；年老的漁夫，則為他的處境感到難過。

面對生活的困窘、同行的嘲笑、他人的不理解，聖地亞哥毫不在意。他依然每天早上迎著第一縷陽光出海捕魚，堅信自己一定會有所收穫。最終，老人捕到了一條重量超過一千五百磅的大魚。這不是靠運氣，更不是偶然，而是依靠無數次在痛苦中獲得的經驗和永不妥協的決心。

成年人的世界，總會遇到煩惱和痛苦。正如畢淑敏所說：「你不能要求擁有一個沒有風暴的人生海洋，因為痛苦和磨難是人生的一部分。一個沒有風暴的海洋，那不是海，是泥塘。」

有的人面對痛苦，容易沉溺其中而不可自拔。而真正的智者，是像聖地亞哥一樣坦然地接受、勇敢地超越。

中國有一位「寫詩農婦」韓仕梅，？她是一位來自河南的平凡農婦，是封建包辦婚姻的受害者，卻被網友稱為「田園詩人」，年過五十的她通過寫詩登上聯合國論壇發表演說。

韓仕梅的人生有兩個轉捩點。第一個是十九歲那年，母親因為三千元聘金，把她嫁給了好吃懶做、喜好賭博的男人；第二個是她開始嘗試寫詩。

「和樹生活在一起不知有多苦，和牆生活在一起不知有多累。」三十年的痛苦與困頓，她通過詩歌創作來實現靈魂的自由。如今她準備再次鼓起勇氣起訴離婚，去尋找自己想要的生活。

韓仕梅在詩中寫道：「我已不再沉睡，海浪將我擁起。」她的內心因為寫詩而愈發強大。命運常常不如人願，但正是在無數的痛苦中，在重重的矛盾和艱辛中，人才會成熟起來。挺過去，就是絕處逢生；熬過去，才有柳暗花明。

直面痛苦，是救贖自己的開始

《左傳》中云：「一鼓作氣，再而衰，三而竭。」但很多人忽略了後一句「彼竭我盈，故克之」。

「一鼓作氣，再而衰，三而竭」是人性的特點，也是人性中的弱點，越是困難的事越難以堅持；而我們要想有所收穫，恰恰需要的便是不妥協的韌性，只有這樣才能熬到「彼竭」時依然「我盈」。

《老人與海》中，連續八十四天沒有捕到一條魚的聖地亞哥，在第八十五天終於釣上了一條大馬林魚。但老人與大魚之間力量懸殊，處於敵強我弱的狀態。

大魚拖著釣鉤在水中游走，老人則猛拉繩索與之較量。從中午到夜晚再到天亮，大魚始終不願妥協，老漁夫也越挫越勇。沒有食物，沒有武器，沒有助手，後背因釣繩勒得疼痛至極，右手因緊拽釣繩傷痕累累，左手不聽使喚地抽筋。但老人堅信，只要堅持到最後，一定能降服大魚。

老人的捕魚過程，不就是我們真實生活的寫照嗎？只有直面痛苦，才能走出痛苦，最終迎來勝利的曙光。

一部優秀的作品往往映射了創作者的思想或人生。《老人與海》的作者海明威和聖地亞哥一樣，也是精神的強者，從不輕易對苦難低頭服輸。西元一九一八年，第一次世界大戰爆發，海明威不顧家人反對，毅然奔赴戰場。但槍炮無眼，戰爭無情，在義大利戰場中，海明威被炮彈炸成重傷，身體裡大大小小的子彈碎片多達兩百餘片，經歷十餘次手術後，才撿回了一條命。

除了身體上數不清的傷痕，戰爭遺留下來的陰影幾乎伴隨著海明威的一生。即便如此，他從未一蹶不振。從《太陽依舊升起》《戰地春夢》，到親歷「二戰」後所寫的《戰地鐘聲》，再到《老人與海》……他以筆為武器，讓思想化為利刃，以樸實和直觀的創作去刺破人生的虛無和迷茫，也給予無數讀者勇氣和力量。

海明威和他筆下的老人聖地亞哥一樣，相信內心的力量，絕不甘於失敗，堅信一個人可以被毀滅，但不能被打敗。這種精神力量，讓他們有足夠的勇氣面對生命的痛苦。

人生很痛苦的階段，往往是「自我救贖」的好時機。穿越痛苦的方法，就是經歷它、吸收它、探索它。每一次痛苦的經歷，都會成為你前進的動力。

所有讓你痛苦的經歷，都會成全你

王小波曾經在《老人與海》的解讀中說：「人類在與限度的鬥爭中成長。他們把飛船送上太空，他們也用簡陋的漁具在加勒比海捕捉巨大的馬林魚。做這樣不可思議的事情的人都是英雄，而那些永遠不肯或不能越出自己限度的人是平庸的人。」

老人聖地亞哥，就是一個真正的英雄。無論遇到什麼困難，他都不輕易放棄，不是在戰鬥就是在想辦法繼續戰鬥。當他把殺死的馬林魚拴在船邊準備返航時，血腥味引來了一批又一批鯊魚的掠奪。老人拚命與之搏鬥，直到精疲力盡鯊魚依舊圍在他船邊。

其實，只要砍掉釣索，放走那隻大魚，他就不用再受苦，他就不用生吃沒有調味的魚肉，就可以解放被釣索割得血肉模糊的手，得到充分的休息。但他依然堅持應戰，直到他終於駛進小港，這時大魚已經被鯊魚啃咬得只剩一副骨架。老人沒有因為喪失魚肉而沮喪，也沒有向別人炫耀自己三天三夜的戰績，而是像往常一樣沉沉睡去。

人生本該如此，即使拼盡全力依然一無所獲，也能坦然接受。他挑戰了自己，以不屈服的態度證明自己，精神上是豐盈而滿足的。

人的生命，似洪水在奔流，不遇著島嶼、暗礁，難以激起美麗的浪花。當我們學會在痛苦中汲取力量，不斷鞏固自己的反脆弱能力，那麼痛苦便會讓我們更快成長，變得更強大。

真正的智者，從不逃避痛苦，而是在生命的歷練中活出淡定與從容。逃避痛苦，只會越來越痛苦；學會面對痛苦，人生才會越走越順。

每年清華大學的新生在收到錄取通知書的同時，都會收到一本書。二〇二一年，校長邱勇院士給新生的贈書正是《老人與海》。這部經典著作激勵了一代又一代人，並且將繼續傳遞下去。

海明威想告訴我們：「一個人可以被毀滅，但是不能夠被打敗。」痛苦是人生的一部分，它考驗著我們每一個人的品格和智慧。只有經得起考驗的人，才能夠享受到由痛苦轉換而成的財富。

> 如果你瞄準月亮，即使迷失，
> 也是落在璀璨星辰之間。

如何減輕執念帶來的痛苦？

——從《大亨小傳》中學會放手

原生家庭的傷害，年輕時沒有追到的愛慕者，很期待但沒有得到的錄取通知書……這些事情，或許會一直霸佔你的內心，讓你久久不能釋懷。看完《大亨小傳》，瞭解了蓋茲比的跌宕人生，你會意識到放下執念的重要性。從今往後，活在當下，探尋未來。

二十世紀二〇年代的美國，正是經濟大繁榮的「爵士時代」。人們在經濟泡沫的喧囂中過著聲色犬馬、華麗空洞的生活。費茲傑羅的巔峰之作《大亨小傳》，便是在這樣的背景下完成的。

它講述了蓋茲比為了彌補與初戀黛西的感情，在物質、欲望、執念的支配下一步步迷失自我，最終走向毀滅的悲劇。村上春樹曾盛讚該書：「如果它算不上偉大的作品，還有其他什麼作品稱得上偉大。」初讀時，為蓋茲比求而不得的深情錯付感到唏噓。如今再讀，才懂得一個人的執念太深，往往是悲劇的開始。

往事如煙，學會翻篇

來自貧苦農家的蓋茲比，從小便立志躋身上流社會。為此，他制定了嚴苛的計畫，又在機緣巧合中救了大富豪科迪。應徵入伍後，認識了當地富家千金黛西。為了追求黛西，他編造自己的身世，謊稱是身世顯赫、畢業於牛津大學的富二代。很快，蓋茲比和黛西兩人陷入熱戀，度過了一段美好溫馨的日子。但隨著「一戰」的爆發，兩人的甜蜜被打破，蓋茲比不得不奔赴前線。黛西早已習慣被男人簇擁著的感覺，很快便恢復了社交，並在眾多追求者中，選擇嫁給紈絝子弟湯姆。

得知黛西已結婚的蓋茲比，傷心之餘始終堅信黛西是因為他的貧窮而離開，只要他變得富裕，黛西一定會重新回來。

帶著這樣的執念，蓋茲比結識黑幫，通過走私烈酒賺得一大筆法外之財，很快就成為頂級富豪。歸來後，他在黛西家對岸買下豪宅，每日揮金如土，舉辦一場又一場盛大的宴會，社會各階層有頭有臉的人物皆不請自來。夜夜笙歌的他，只盼望對岸的黛西能夠偶然光顧一次。

諷刺的是，那些宴會上來來往往的人並不知道蓋茲比究竟是誰，也沒人見過他，而黛西也始終沒有出現。黛西家碼頭的綠光，成了蓋茲比可見卻不可觸碰的幻夢，他夜夜失落。

在印度流傳著這樣的諺語：「不管事情開始於哪個時刻，都是對的時刻。已經結束的，就已經結束了。」往事如煙，感情易散，人心易變。緊抓著過去不放，只會不斷內耗，深陷精神的凌遲。與其懊悔，不如坦然接受，笑著讓過去翻篇。持一顆隨遇而安的心，珍惜當下，讓那些過往的褶皺被未來的小確幸一一撫平。

遺憾，也是人生的一場修行

黛西的遠房表哥尼克，在得知蓋茲比的故事後，被他的深情打動。在尼克的安排下，蓋茲比終於見到了日思夜想的女神黛西。蓋茲比帶著黛西參觀他的豪宅，整個屋子被佈置得花團錦簇、富麗堂皇。黛西穿梭在成堆的華服中，為豪宅的奢靡連連驚歎。

蓋茲比不是沒有失望過，他甚至能感受到這個魂牽夢縈的女孩舉手投足間都充斥著金錢的味道。但他害怕希望落空，依舊幻想著能與黛西重回五年前的浪漫。很快，蓋茲比不再滿足於與黛西偷偷地見面。他需要黛西儘快在他和她的丈夫湯姆之間做出選擇。在一次聚會中，黛西不小心將東西掉落在地，蓋茲比幫她撿起時，兩人眉目傳情，明目張膽的曖昧被湯姆看在眼裡。

兩個情敵開始互揭老底。蓋茲比挑釁湯姆，說黛西從未愛過湯姆，一直愛的是自己。湯姆則當眾拆穿蓋茲比偽造的學歷，以及通過走私烈酒發家致富的家底。在那個階級劃分森嚴的時代，世襲貴族和暴發戶完全是天壤之別。

黛西早已不是曾經那個純真的女孩，她早就愛上了這種紙醉金迷的生活。在蓋茲比焦急的等待中，黛西退縮了。她絕不能為了和蓋茲比在一起而放棄優渥的貴族生活。

蓋茲比付出了所有，五年前的遺憾卻再次上演。只在剎那之間，他的世界再次坍塌。

生活中又何嘗沒有這些遺憾？那些沒說出口的話，沒挽留住的人，沒抓住的機會，沒實現的理想……

面對命運的無常，很多時候，我們不是沒盡力，也不是沒彌補；但有些事，有些人，註定只能陪伴我們一段旅程。有了遺憾，才有了期待，有了夢回時的千般滋味。遺憾，也是人生的一場修行。

當你內心強大了，懂得世事的無常，很多遺憾自然就化解了。

困於執念，必將毀於執念

一朝執迷不可怕，即時回頭尚有展望之機。最怕清醒著沉淪，自掘深淵無可救。很多時候，不是不知道即時止損，而是心中的執念作祟，接受不了到頭來幻夢成空。

蓋茲比不斷麻痺自己，認為只要黛西冷靜下來，便會重回他的身邊。回程中，情緒失控的黛西開車撞死了湯姆的情婦茉特爾，嚇得花容失色。為了保護黛西，蓋茲比決定承擔所有罪責。由於害怕湯姆傷害黛西，蓋茲比直到深夜仍在黛西住宅外徘徊。而此時的黛西，正在丈夫湯姆的安排下，準備離開這裡。另一邊，在湯姆的挑唆下，茉特爾的丈夫認定蓋茲比就是殺人兇手。電話鈴響，泳池中的蓋茲比幻想著黛西決定和他遠走高飛。他微笑著起身，卻被茉特爾的丈夫一槍斃命。

蓋茲比的葬禮冷清至極，當初賓客宴飲的場面有多喧嘩，現在就有多孤寂。除了蓋茲比的父親，只有尼克到場。曾經的頂級富豪蓋茲比燦爛的一生，就這樣落下帷幕。

到最後一刻，蓋茲比都不願面對黛西不再愛他的事實。其實，他不是不知道黛西的自私無情，也不是不知道過去難再。但內心的執念，自己編織的幻夢，讓他無法逃脫，最終葬送了他本該了不起的一生。與其說害死蓋茲比的是那一發子彈，不如說，害死他的是心中難以釋懷的執念。正如稻盛和夫所說：「世界上最大的監獄，就是人的內心。走不出自己的執念，到哪裡都是囚徒。」

一念起，可以萬物生。執念太深，也會令萬物滅。當一個人因為執念而失去理智，束縛在自我的牢籠裡，就只能不斷重複過去的遺憾。唯有放下執念，才能重獲新生，一路尋到天光。

泰戈爾說：「如果你因為錯過太陽而流淚，那你也會錯過群星。」人生如海，總有一些遺憾難以彌補，總有一些過去無法釋懷。但這些黯淡的傷痛，會成為經驗，成為答案，成為人生不可或缺的部分。如果總是執著於過去，也就失去了擁抱現在的機會。試著去接受，去放下，去與過往握手言和。只有這樣，內心才會生出希望的光，重新指引前進的方向。

腳底下有陰影，只是因為你在面對太陽；
看著太陽，就不要管你身後那些影子。

如何處理無處不在的焦慮？

——從《焦慮使用說明書》中獲取破解焦慮的鑰匙

當今時代，焦慮好像成為社會性話題，離不開，逃不掉。每個人都想變得更好，但卻陷入「越努力越焦慮」的尷尬境地，甚至越來越恐慌。而《焦慮使用說明書》告訴我們：看透焦慮的本質，找到焦慮的根源，才能開啟不疲憊的人生。

在心理學上，有一個概念叫「社會時鐘」，它是美國心理學家伯尼斯．紐加頓（Bernice Neugarten）在一九七六年提出的。它的意思是：在社會環境中，每個年齡段都有對應的社會尺規，即什麼年齡就要做什麼樣的事。如果偏離社會時鐘，就會被人評頭論足。這種社會尺規，通常是我們焦慮的根源。

十六、七歲，正是讀書的年紀，你成績不好，就會產生焦慮；二十多歲，正是談戀愛的年紀，你沒有戀人，就會產生焦慮；年近三十，父母會催婚，你沒有結婚，就會產生焦慮；三十出頭，事業穩定，成家立業是標配，如果你沒做到，就會產生焦慮……我們看著周圍的人按照世俗的標準前行，就會不斷給自己施加壓力，告訴自己「我也要那樣」。然後，焦慮的情緒就會無限蔓延。

焦慮的本質

焦慮的本質，就是把大眾眼裡的「標配」當成了自己的人生目標。甚至有人為了過上「標配」的生活，節衣縮食、負債累累，一步步活成了焦慮的提線木偶。其實人生並沒有所謂的標準答案，每個人都有自己的時區，守好自己的節奏，才是真正的勇敢。

朋友大山在網路公司工作，工作忙碌是常態，但大山堅持了三年多。後來大山升了職，成為專案經理，照理說應該是高興的事，但大山卻總嚷嚷著說好累。客戶找他，他說：「客戶又要改需求了，真累。」主管叫他開會，他說：「又要寫報告了，真累。」就連年底做總結發獎金，他也說：「一整年就發這點獎金，卻要做這麼多事，真累。」

有人問大山：「以前工作忙，也沒見你喊累，現在當主管比以前要做的事情少了，怎麼還天天喊累呢？」大山說：「以前是身體累，睡一覺就好了。現在是想得多，心累。」

每週的考核沒完成，他急得吃不好、睡不好，滿腦子都是工作。和朋友聚餐吃飯，他提不起精神，聊的都是工作上的煩心事。不管能不能完成每個月的工作目標，功利心太強的他都會煩心懊悔，埋怨自己定高了或定低了。到了上班時間，他又提不起勁兒工作，沉不下心，有時大山甚至覺得自己活得很失敗，沒有價值。

其實大山的累，不是源自生活和工作本身，而是過度焦慮。我們總是馬不停蹄地定下一個個高目標，被生活操縱，被焦慮牽著鼻子走，沒有激情，只剩疲憊。

就像《焦慮使用說明書》一書中所言：「如果你一直飽受焦慮的困擾，這不是性格弱點，而是大腦的編碼和設定出了問題，你要改變自己的思考方式和生活習慣。」

很多人生困境，不過是人胡思亂想、自我設置的枷鎖。只有學會掌控自己的人生，一張一弛，有的放矢，才能消除精神上的疲憊，穩步向前。

破解焦慮的鑰匙

在《焦慮使用說明書》一書中，作者也給我們提供了破解焦慮的三把鑰匙，送給活得很累的你。

• 第一把鑰匙：接納自己，改變想法

不管是廣泛性焦慮障礙、驚恐障礙、廣場恐懼症、健康焦慮障礙，還是社交焦慮障礙、升學升職焦慮障礙，我們首先都要改變自己的想法。那就是不要抗拒恐懼，也不要期望自己一下子成功。

每個人都會遇到這樣或那樣的問題，也都會遇到各種各樣的挑戰，大家怎麼樣想你，其實都沒有你自己怎麼想來得重要。正視自己的所有恐懼或焦慮，告訴自己這並不可恥。接納自己，改變想法，才能告別焦慮。

•第二把鑰匙：即刻行動，告別完美

心理學上有一條原則：行為可以改變並塑造一個人。即刻行動不但能減少焦慮，還能讓人告別萬事完美的幻覺。

嘴上說著減肥，卻還忍不住往嘴裡塞食物；嘴上說要健身，說了一百次，卻從未換上鞋子去跑一次；嘴上說著練習寫作，卻遲遲不想動筆……與其在自己幻想的未來中焦慮不安，不如即刻行動，從腳踏實地的實踐中治癒自己。要知道，生活中並沒有真正的完美。過度追求完美，往往會讓人迷失。而實際的行動則會讓人在了解自己的過程中清醒著進步。

•第三把鑰匙：活在當下，樂觀一些

被焦慮困擾的人，即便沒經歷過創傷，也會對未發生的災難產生恐懼。而破解內心焦慮的鑰匙之一，就是保持樂觀，活在當下。

霍金十七歲考上劍橋大學，卻在二十一歲的時候得知自己患上了不治之症。那時的他整日焦慮不安，還經常失眠，後來他夢見自己雖然癱瘓在床，但還是用物理學幫助了很多人。於是霍金振作起來，在精神上「站」了起來，擺脫了焦慮的心態後，霍金哪怕在輪椅上，也一樣做出了舉世矚目的成就。

生活中的各種焦慮，有的來自對過去的悔恨，有的是對未來的擔憂，還有的是對環境、人事的焦灼，但本質上，這些焦慮大多是因為認知與現實的偏差。

《焦慮使用說明書》告訴我們，在焦慮情緒中我們可以自救，一切終將會過去。接納所有的恐懼與情緒，與自己和解，讓焦慮順其自然被破解。希望你努力，但也別焦慮，不為物役，不被他人累，你和你的生活的決定權，都在自己手中。

你不一定非得長成玫瑰，
你樂意的話，做茉莉，做薔薇，
做無名小花，做千千萬萬。

情緒過於敏感怎麼辦？

——從《紅樓夢》中學習「鈍感力」

如果你總是因為別人無心的一句玩笑或一個舉動而糾結很久，對周遭的環境和事情，也會比其他人敏感很多，那麼這些跡象都在表明，你是一個「高敏感」的人。如何擺脫高敏帶來的痛苦？經典名著《紅樓夢》或許能幫助你找到答案。

大觀園裡，姹紫嫣紅，百花競放。紅樓女兒們恰如那些亭亭盛開的花朵，各美其美，或風流婉約，或氣質如蘭，或經綸滿腹……《紅樓夢》裡的女子，大多聰明睿智，但人這一生，並非僅憑聰明就能活得自在。黛玉心似比干，七竅玲瓏，卻命途多舛，紅顏早逝；探春精明能幹，但始終對庶出身份無法釋懷，自卑感如影隨形……

敏感指數高的人對外界感知迅速，卻往往思慮太重，故而活得很累。人生實苦，悲喜自渡。想讓自己過得好，不妨遲鈍一點，心大一些。以歡喜心過生活，以鈍感力渡劫難，這樣活得更自在灑脫。

以「鈍」應對命運無常，方能向陽而生

曹雪芹筆下的香菱，原名甄英蓮，出身書香門第，自小被父母視若珍寶。按照正常的人生軌跡，她本應在家人的精心呵護下成長，一路飽讀詩書，成為窈窕淑女，再配一個門當戶對的如意郎君，一生無憂。然而，命運卻在不經意間對其展現出猙獰面目。她三歲被拐，整天驚恐度日；十二歲被賣，從此為奴為妾。從身嬌玉貴的千金小姐，淪為受人驅使的卑賤妾室，命運之輪急劇翻轉。換作旁人，若遭此劫難，恐怕早已消極沉淪，破罐破摔。

香菱卻不然。賣與薛霸王為妾的她，第一次出現在讀者面前，是「笑嘻嘻地走來」，仿佛驅散陰霾的一道陽光。沒有苦大仇深，沒有陰鬱滿面，面對這個對她極盡殘酷的世界，她選擇一笑置之。

別人問她家鄉何處，她搖頭說「不記得了」，旁人為其歎息，她自己卻毫不在意。對於逝去的美好和曾經的苦難，「不記得」就對了。與其糾結命運的錯位，不如遮罩所有，活在當下。

香菱雖身陷淤泥，但心向陽光。生命以痛吻她，她卻與詩書為伴。薛蟠外出，香菱得以在大觀園小住。她抓住這難得的機會，孜孜不倦地學作詩。

詩書的滋養，給予了她源源不斷的能量和對生活的嶄新嚮往。池邊樹下，山石徑旁，有她思索的身影；夜裡夢中，精血誠聚，有她偶得的佳句。她廢寢忘食，如癡如醉，瘋魔成狂……讓詩歌成為照亮生命的一道強光。

往事不堪回首，卻也無須回首；人生的裂縫，亦是光照進來的地方。命運的波譎雲詭，人間的殘酷苦楚，頃刻間蕩然無存，只留下一片滋養靈魂的沃土，讓香菱得以一心向上，逆風飛揚。

寶釵說她「呆頭呆腦」，曹公稱她為「呆香菱」。呆，即是鈍，是她應對悲苦的法寶。經歷過命運暴擊，見識了人生無常，對所遇爛事不耿耿於懷，以鈍感應對困境，方能從容面對生活。

在痛苦面前，保持遲鈍，向陽而生，方能重建美好，獲得不斷前行的勇氣和智慧。

以「鈍」應對生活落差，方能永葆初心

《紅樓夢》為讀者描繪了一幅封建貴族世家的生活畫卷，也展現了一群京城頂級富人的日常。

冬日的大觀園銀裝素裹，仿若琉璃世界，而賈府名媛，卻比風光更加旖旎。她們身穿名貴大紅猩猩氈和羽毛緞斗篷，傲立雪中，像紅梅般綻放。但其中一人，荊釵布裙，在一眾光彩照人的金釵面前，顯得寒酸簡陋，不甚和諧。她卻安之若素，坦然自得，與眾人聯句作詩，絲毫不見窘迫之態。

她就是邢岫煙，榮國府邢夫人的侄女，也是賈府的「窮親戚」。大觀園中的眾姊妹，出身大多顯貴，不是侯門公府，就是清貴世家，只有邢岫煙家境貧寒。

「四美」同來賈府，其他姑娘皆來走親戚，岫煙卻是跟隨父母來投親靠友，尋求幫扶。眼見同行的寶琴得萬千寵愛，李紋姐妹受人重視，唯獨自己被冷落一

旁，遭人冷眼。換作心思敏感之人，早就羞愧難當了。但她並沒有惶恐不安、顧影自憐，而是氣定神閑，悠然淡遠。

「雲無心以出岫」，人如其名，她身上自有一種青山隱隱，雲煙嫋嫋的返璞歸真之態：沒有華衣美服，她也沒有找藉口不來，而是落落大方，積極融入詩社；寶釵幫她贖回棉衣，她心存感激，並未尋思對方會不會看不起自己；寄居迎春房中，被勢利的下人們欺負，她平和以對，從不鑽牛角尖……對身外之事，市儈之人，她從不恣意揣度，不介懷著惱，與其說內心強大，不如說她擁有堅忍的鈍感力。

不豔羨他人的富貴，也不因自身的窮困而自卑。邢岫煙明白，有人生而富貴，有人生而窮困，既無法改變，便不必介懷。而就是這種閒雲野鶴般的自在，最終讓岫煙贏得眾人認可，並獲得一段好姻緣。

不因人生落差而懊惱，以鈍感面對自己無法掌控的局面。做好當下力所能及的事，才能初心如磐，篤行致遠。

以「鈍」應對人生磨難，方能笑對生活

《紅樓夢》裡，有史湘雲的地方就有無限歡樂。

書中，她一出場，就在「大笑大說」，自帶喜感；她組局「螃蟹宴」，發動烤鹿肉，帶領眾人吃得過癮，玩得上癮；她撲雪人，放鞭炮，醉臥芍藥叢，對搶爭聯句……把歡樂傳遞給每一個人。不惺惺作態，不矯揉造作，她是真正的活潑開朗，達觀樂天。

然而，這樣一枚人見人愛的開心果，其實自小就經歷種種人生磨難。尚在繈褓中，父母就離世，被叔叔收養，寄人籬下；表面是侯門千金，內裡卻承擔下人的工作，不但要辛苦做事，還得看嬸嬸的臉色度日……

同樣是孤兒，同樣寄人籬下的黛玉，有外祖母疼愛，有寶玉呵護，但她仍時常愁眉長歎。湘雲則毫無怨言，坦然接受坎坷的命運，非但對自己的苦難不縈於心，還勸慰黛玉，讓其心寬。自己淋雨，還想著為別人撐傘，她熱忱直爽，一派天真。湘雲在《詠海棠》詩中寫道：「蘅芷階通蘿薜門，也宜牆角也宜盆。」這正是其人生態度的寫照：寄居叔叔家，辛苦勞累，孤立無援，她不作「司馬牛之

歎」，坦然面對磨礪；到大觀園，她得以片刻輕鬆，吟詩作對，賞雪觀花……極力讓自己開心，也把快樂帶給別人，盡情享受當下。

人們常說：「是真名士自風流。」湘雲心胸開闊，灑脫不羈，某種意義上也契合了瀟灑率性的魏晉風度。人這一生，總會經歷各種磨難。而有一種人，就像蒲公英的種子，風把他們吹到哪裡，他們就在哪裡落地生根；命運把他們拋到哪裡，他們就能在哪開花結果。他們不在挫折中內耗，不在痛苦中沉淪，不讓過往的遭遇成為羈絆自己的障礙。任風吹雨打，我自巋然不動。

這世上，聰明人很多，真正快樂的卻沒有幾個。如果你覺得聰明太累，不妨試著遲鈍一點。敏感是一種天賦，而鈍感才是讓自己過得更好的能力。

人生不如意十之八九，別糾結，別萎靡，別回頭，往前走。以平常心看世事，用鈍感力過生活。行到水窮，不妨坐看雲起；浮雲蔽日，就等到雲開霧散。如此，目光所及，皆是星辰大海；心之所期，俱是春風十里。

哪怕是世界上的微塵，
太陽一出來，也是有歌有舞的。

總是胡思亂想、情緒內耗怎麼辦？

——從《蛤蟆先生去看心理師》中找到情緒根源

你是不是經常這樣？考試還沒開始，就擔心自己考不過；工作稍有失誤，就擔心主管對自己的看法，因此徹夜輾轉難眠；對方一旦沒即時回訊息，就開始胡思亂想……「內耗病」流行的當下，我們都急需為自己的心靈減輕負擔。而這本《蛤蟆先生去看心理師》，或許能幫你在內心的感性和理性中找到平衡。

蛤蟆先生，是一隻不整天幻想吃天鵝肉的好蛤蟆，集富二代、好男人於一體。在別人的眼裡，他溫文儒雅，風度翩翩，住著豪宅、開著跑車、當著校董，不抽菸、偶爾品酒，生活自由且快樂。

但俗話說：「世上的事情，件件藏著委屈。」蛤蟆先生最近就因為一些變故，變得越來越抑鬱。他開始失眠、酗酒、不打扮，整天窩在沙發裡，把自己搞得邋裡邋遢。他會在深夜痛哭，聽悲傷的音樂，仿佛墜入了深淵，成了井底之蛙。

在朋友們的幫助下，蛤蟆先生找到了心理諮商師蒼鷺。在蒼鷺的引領下，他開始勇敢地探索自己的內心，不斷地認識自己、接納自己、改變自己。十次心理諮商，猶如一架人生爬梯，讓他從井底一步步向上攀登，最終實現自我蛻變。

這是一本非常專業的寫給成年人的心靈療癒書。簡單來說，這本書的內容可以概括為：一個前提、兩種思考、三種狀態、四個座標。

一個前提

改變的唯一前提是認識你自己，只有真正地認識自己，正視自己，才有可能走出自我困境。

蛤蟆先生第一次拜訪蒼鷺的時候，蒼鷺開門見山問：「你今天怎麼樣？」蛤蟆先生脫口而出：「挺好的，謝謝你。」

儘管蛤蟆先生並不好，但習慣告訴他應該這麼回答，為什麼會有這樣下意識的反應呢？因為，我們從小就被大人灌輸了這樣的觀點：表現出悲傷、憤怒這樣的負面情緒是無能懦弱的表現，是會被嫌棄和厭煩的。

於是，我們學會欺騙自己，隱瞞自己的真實情緒，好像只有這麼做，大人才會開心，我們也就不會受傷。

當蒼鷺讓蛤蟆先生描述自己真實感受的時候，他一時半刻也弄不清自己有什麼情緒。當蛤蟆說「我就是一個不會生氣的人」的時候，蒼鷺識破了他為自己編織的假象。

蛤蟆意識到，他不是不會生氣，而是選擇了另一種方式生氣；當蛤蟆說「我很好」的時候，蒼鷺讓他看清了自己的悲傷與絕望，他不斷追問蛤蟆的真實感覺，因為真實才是瞭解內心世界的入口；當蛤蟆責怪身邊的人如何誤解他、讓他傷心的時候，蒼鷺點破他最大的謊言：沒有人能讓你不快樂，是你自己選擇了讓自己不快樂。

改善情緒的第一步正是認識你自己，分辨你內心的真實情緒。

為了讓蛤蟆先生的情緒量化可見，蒼鷺使出了「情感溫度計」的方法：溫度計被劃分為十個刻度，最低為一，代表非常糟糕，可能想自殺；五分代表還能承受；最高分是十分，表示非常愉悅。

蛤蟆先生第一次給自己打了一到兩分，隨著諮商次數的增加，他給自己的打分越來越高。這種打分機制不是考試，不用刻意在乎分數本身，只要將內心的感受真實呈現，從而進一步瞭解自己、做出調整。

蛤蟆先生完成第一次諮商，離開的時候問了蒼鷺一句：「你認為我會好起來嗎？」

蒼鷺回答：「我相信每個人都有能力變得更好，我也會對你傾注我全身心的關注。但一切歸根結底都取決於你，能幫你的人是你自己，也只有你自己。」

兩種思考

生活中，我們經常會看到偏於理性的人，或者偏於感性的人，但真正厲害的人，是理性與感性並存。

在接下來的諮商過程中，蛤蟆先生逐步意識到，每個人的大腦裡，都存在著兩種思考模式——理性思考和感性思考。蛤蟆先生一開始選擇抑鬱，其實就是選擇感性思考，像個嬰兒一樣，只做出本能反應。而當他接受療癒、願意剖析自己的時候，就是回歸了理性思考。

什麼是理性，什麼又是感性呢？簡單來說，理性就是一個人對某一件事能夠做出理智的分析和判斷，頭腦不發熱，決策不衝動；而感性則是一個人對待某一件事完全憑藉心情，容易感情用事，不計後果。不同的事情有不同的處理方式，不能說一個人理性好，也不能說一個人感性不好，這要看事情的本質面貌。

于丹曾說：「我們需要一種清明的理性，這個理性是在這種嘈雜的世界中拯救生命的一種力量。同時，我們也需要一種歡欣的感性。這種感性之心可以使我們觸目生春，所及之處充滿了快樂。」所以，有時候感性和理性是需要並存的。太過感性的人容易情感用事，太過理性的人容易教條死板。正確的做法是，尋求感性和理性之間的平衡。

當你感受到快樂時，你要讓感性盡情飛馳；當你感受到痛苦時，要讓理性來干預感性從而減輕不適。

三種狀態

每個人都有兒童、父母以及成人三種狀態，三位一體，成年人之所以痛苦，恰恰是因為不在成人狀態。蒼鷺在蛤蟆先生諮商的過程中，將我們的人生分為：兒童、父母、成人三種狀態。

1. 兒童自我狀態

當一個人處於兒童自我狀態時，他會下意識用童年時的習慣作出反應，表現出像孩子一樣的感受和行為。在這種狀態下，他會本能地順從和依賴他人。遇到挫折後，會在腦海中反覆再現過去的情形，體驗壓抑的痛苦情緒，這種狀態下學不到任何新的東西。

2. 父母自我狀態

處在父母自我狀態的人，不是在挑剔別人就是在挑剔自己。他們會用言行重複父母那裡學到的是非觀和價值觀，想方設法讓別人接受自己的這套想法。他們甚至會將審判的矛頭指向自己，對自我毫不留情的批判。

3. 成人自我狀態

在成人自我狀態的時候，我們能擺脫情緒化的控制，合理地計劃、考慮、決定、行動，用知識和技能解決當下的事情。

成人自我狀態，是唯一能學到新知識的狀態。因為在兒童自我狀態裡，只是在體驗過去的情緒；在父母自我狀態裡，不是挑剔就是在教育別人，這兩種狀態都學不到新東西。

那麼，我們該如何適時調整為成人自我狀態呢？其實，這又回歸到了第一個話題——認識你自己。你需要不斷思考你是誰？你從哪裡來？你要到哪裡去？你該如何才能到那裡去？

蛤蟆先生在認真分析後意識到，成年的他其實一直處在兒童自我狀態。童年的蛤蟆，出身顯赫，卻一直不快樂。父親時常對他批評責備，母親則是對父親的權威百依百順，很少去擁抱、安慰孩童時的蛤蟆先生。為了討好父母從而獲得他們的愛，童年的蛤蟆先生不得不做出順從、取悅、道歉、依賴等行為，並逐步形成了依賴及取悅型人格。

順從導致蛤蟆把依賴當成生活本身，童年依賴父母，成年則依賴外界的肯定。一旦收到否定回饋，他要麼取悅別人，要麼自我批判，痛苦不堪，所以一直長不大。而成長的本質就是逐漸打破依賴關係，擁有獨立人格。

「每個孩子生下來都是一張白紙，父母就是作畫的人，白紙變成怎樣，關鍵在父母。」成年人的行為習慣都是從童年學來的，這種行為習慣也會潛移默化地影響人的一生。

四個座標

蒼鷺曾問過蛤蟆兩個問題。

第一個問題是：你是怎麼看自己的？你好嗎？

第二個問題是：你是怎麼看別人的？他好嗎？

根據這兩個問題的回答，產生了以下四種人生座標：

1. 你好，我不好

處在這個座標的人認為自己是生活的受害者，無法掌控人生，從而產生焦慮、抑鬱、自責等情緒。

2. 我好，你不好

處於這個座標的人常常會佔據關係中的制高點，時常攻擊、指責別人，產生憤怒、挑剔、指責等情緒。

3. 我不好，你也不好

處於這個座標的人更確切來說是「犯罪者」。既自卑又自大，既自我貶低也攻擊他人，情緒反覆無常，很容易產生報復社會的行為。

4. 你好，我也好

這不僅是一種狀態，更是一種選擇和承諾。你相信自己是好的，更相信別人是好的，通過行為和態度，持續對自己和別人展現美好。人生這四個座標，你選擇什麼座標就決定了你將成為什麼樣的人，「你好，我也好」是我們奮鬥的終極目標。

蛤蟆先生在最後一次進行心理諮商時，放棄以前迷戀的汽車，選擇騎自行車到蒼鷺那裡。他欣賞沿路的風景，聆聽大自然的聲音，覺得身心愉悅至極。到達蒼鷺那裡後，蒼鷺一如既往地問他，感覺怎麼樣。

蛤蟆這次毫不猶豫地說：「我感覺好極了。」他已經在著手規劃未來，不像以前只是想一想，而是真正有細節、有計畫、有行動。蛤蟆先生給自己的「情感溫度計」打了九分，並把自己的人生標記在「你好，我也好」的座標裡。

因為此刻，他內心有足夠的安全感，相信自己的成長和能力，同時也欣賞他人的優點，能夠與他人很好地合作，相互促進。

在和蛤蟆先生的面談中，蒼鷺也獲得成長，他不再像以前那麼教條、嚴苛。他對蛤蟆先生說：「在諮商中，學習一直是個雙向的過程，只是彼此學到的東西不同。」

蒼鷺把這個過程稱之為共生，共生意味著接納自我和接納他人，在連結中共同成長。共生表現在情緒反應上就是共情，而共情能力有一個前提，就是我們首先要愛自己。

一個人和自己的關係，決定了這個人與外界的關係。一個內心有愛的人更容易傳遞出愛，一個內心充滿仇恨的人必然會向外界投射更多的仇恨。唯有懂得愛自己，不斷精進自己的人，才能成為一束光，去照亮他人。

心理學家榮格說：「沒有任何一種覺醒是不帶著痛苦的。」與其沉溺於悲傷之中，不如直面自身的痛苦，不再避開它、掩飾它、否定它。

所謂活得真實，就是真誠地回應當下的需求。讓真實的自我擺脫過去經歷的束縛，在自由中成長為真正的自己。

天空黑暗到一定程度，
星辰就會熠熠生輝。

為什麼我們感覺快樂越來越難？——從《不快樂到幸福的解答書》中學習幸福的祕笈

人好像總是越長大，越難感受到快樂，日子總是煩惱疊著煩惱，麻煩趕著麻煩；每天都是渾渾噩噩，上班下班，兩點一線。忘了上次開懷大笑是什麼時候，忘了生活裡還有什麼事值得慶祝……如果你最近有點不開心，不妨讀讀這本《不快樂到幸福的解答書》。試著在一成不變的生活裡，修煉屬於自己的「幸福力」。

網路上曾有人問：「什麼是真正意義上的幸福？」一個許多人贊同的回答是：「幸福不是你得到了什麼，得到了多少，而是你剛好得到了你想要的。」

每個人對幸福的理解和感受都不一樣。有人錦衣玉食，卻總不開心；有人粗茶淡飯，卻能樂觀知足。幸福與金錢、地位不是絕對對等的關係。

《不快樂到幸福的解答書》一書告訴我們：幸福是一種能力。幸福與否，與外在條件的關係不大，而很大程度上取決於我們如何看待這個世界。路走對了，才能遇見幸福。

走出幸福誤區，驅散心靈陰霾

曾讀過這樣一個故事。

一位年輕女孩生病了，對來看望她的朋友不斷訴苦：「醫生說我是積鬱成疾，你看我的命多苦。小時候只能喝稀粥，別人家孩子吃一大碗白飯；等我吃上一大碗白飯時，別人家天天吃餃子；當我吃上餃子時，人家卻又大魚大肉；現在有魚有肉了，別人又買了汽車、別墅。我總是跟不上別人的步伐，我的命怎麼這麼苦！你看你多幸福，依然年輕漂亮，還有一個好老公疼你。」

朋友聽了，微笑著回答：「我們的經歷差不多，只是我比你想得開。喝粥時，我想到的是不再餓肚子了；有飯吃了，覺得比喝粥好多了；每天有餃子吃，那就和以前過年一樣。回頭看這些日子，一步一臺階，越來越好。說到漂亮，當年不都是人人稱讚你？你的老公對你不是百般照顧？你什麼都不比我差，差的其實是心態！」

樂觀和悲觀的人看待事情的方式往往並不相同。樂觀的人看到的是人生越來越美好，悲觀的人看到的是所有事的不如意之處。正如日本作家松浦彌太郎所說：「所謂人生困境，不過是你胡思亂想，自我設置的枷鎖。」很多煩惱，都是因為想要的太多。

心理學家希娜．艾恩嘉（Sheena Iyengar）做過一個果醬實驗。她在超市裡擺出各類果醬供顧客選擇：一天擺了六種，另一天擺了二十四種，想測試哪一天顧客購買量更多。結果顯示：顧客在面對二十四種果醬時，出現了選擇煩惱，反而不願意購買了。選項太多固然吸引人，但同時也讓人迷茫。

生活中，許多人被物質欲望奴役，以為外在擁有越多，幸福感就越強，因此拚命地賺錢。久而久之，很多人也陷入了對金錢和幸福的認知誤區。現代人之所以不快樂，最常犯的錯就是把手段（賺錢）當作目標（獲得幸福）。然而，賺錢本身並非目標，它只是我們獲得幸福的手段，如果把獲得幸福這個真正的目標拋之腦後，而把賺錢本身當成目標，就是典型的本末倒置，也就更難獲得真正的幸福。因為只想掙錢的念頭會讓人忽視生活中其他積極的體驗，當金錢與家庭產生衝突時，還會造成精神壓力。其實，少而精，人的生活品質才會提高，幸福感也會提升。

《湖濱散記》的作者梭羅，雖然在生活上物質極簡，卻內心豐盈，活得灑脫。心靈自由和精神上的富足，才是一個人真正的需求，比如健康、親情、友情、工作、學習、運動等。恰恰是這些基本的需求，最能增加幸福指數，這些才是我們人生的終極財富。

感知幸福，選擇有意義的快樂

很多人都有這樣的感受：身處這個變化的時代，人們的心理問題、心靈危機越來越不容忽視。

工作累了一天，回家躺著休息很快樂，但如果一直這麼躺著，也就沒意思了。學習太緊張，放鬆一下很快樂，但如果沒日沒夜地玩，人也會感到很空虛。而當我們為生活設定積極的目標，就能體驗到一種溫暖而持久的幸福。

《不快樂到幸福的解答書》的作者彭凱平教授認為，幸福不是簡單的生理滿足，也不依附於攀比，而是一種有意義的快樂。以拿工作來說，除了養家糊口，如果能讓自己找到別的意義，就有可能在此基礎上活得開心積極。

一個人能在工作和生活中，找尋到意義，實現自己的價值，這種快樂才是發自內心的。《活出意義來》的作者弗蘭克的故事也是如此。

他曾被關入集中營，遭受非人折磨，卻憑藉著自己賦予生命的意義活了下來。有一次，在寒冷的冬天，弗蘭克不得不忍著饑寒和腳傷，跟大家去工地做事。就在這時，他忽然想像自己正站在明亮溫暖的講臺上，對著一群學生，講授集中營心理學，從科學的角度觀察和描述自己所遭遇的一切。

他用這種方法，將當前所受的痛苦看作自己心理學研究的有趣案件，並確信「一切都是值得的，眼前的苦就不再是苦」。回歸社會後，他用這種意義療法幫助了很多迷茫的人，幫助他們發現自己的價值和生活的意義。

歌德說：「人之幸福，全在於心之幸福。」打開不同的窗就會看到不同的風景。你怎樣看待生活，生活就會怎樣回報你。

路走對了，就會遇見幸福

你有沒有這樣的經歷：在圖書館裡看一本好書，不知不覺忘記了時間；運動的時候越來越開心，壞心情好像全部消失了；突然對某事頓悟，困擾你很久的問題因此迎刃而解……

在這些時刻，你會體驗到一種特別溫馨的感覺，那種快樂的狀態能持續好久。每個人都有自己的幸福，我們要追尋的是屬於自己特有的幸福。

研究顯示，積極心態是人類的天性。幸福不需要你多努力，但需要你會轉彎，找到通往快樂之路。想要活出「心花怒放」的人生，不妨試試以下這三種路徑。

1. 行為改變心態

在《不快樂到幸福的解答書》中，作者彭凱平教授提到他自己的故事。

有一次，他不小心撞翻了電腦旁的咖啡，電腦立馬黑屏當機。想到可能丟失的文稿，一股懊悔、自責的情緒在他心中升起。可是他猛然想起，眼前發生的事正和他打算寫的主題相關：別讓消極情緒控制你。

於是他很快調整好心情，開始集中精力解決問題，把損失控制在最小範圍。

有的人在遇到類似的事情時，可能會陷入負面情緒，不斷懊悔，甚至腦補出很多麻煩的後果，不斷地哀歎：「天啊，一切都毀了，我還沒來得及備份，白忙活了。」遇到問題，即時轉向正面的心態，才能快速解決問題。

2. 焦慮時，停一停，調動嗅覺，配合深呼吸

人的大腦中有個情緒加工中心——杏仁核，就在我們鼻子後面，可以不經大腦，直接通過嗅覺產生反應。焦慮沮喪時，聞香可能是調整情緒最快的方法。所以家裡準備點精油、香氛，心情不好時洗個澡，換上新衣服，聞聞清新的空氣，會讓人很開心。

還有一個方法是深呼吸。當我們的副交感神經通過深呼吸被啟動時，心情就會變好。所以人在生氣時深吸一口氣，往往就可以安靜下來。

3. 沉醉於某種愛好

哲學家羅素曾說：「一個人感興趣的事情越多，快樂的機會也越多，而受命

運撥弄的可能性也越少，因為他失掉一樣，還可亡羊補牢，轉到另一樣上去。」人們在做自己愛做的事情時，更容易沉浸其中。比如喜歡攝影的人，為了拍出滿意的作品，即使要跋山涉水，仍然孜孜不倦；喜歡音樂的人在欣賞音樂的節奏和韻律時，也享受著它所傳遞的情感。擁有一項長期的愛好，能帶給人快樂和幸福。

人活一世，總會遇到高峰、低谷，把心放寬，把事看淡，才是智慧。生活的神奇之處在於，一旦轉變心態便能看到不一樣的風景，保持積極樂觀的心態，勇敢地穿過幽暗的山洞，終會迎來柳暗花明。而幸福的開關，就在你自己手中。

相信塵埃裡會開出一朵花，
因為曾有漫天星光，亮透胸膛。

人生低谷，該如何自我拯救？

——從《穿過悲傷的河流》中獲得自癒能力

生活波瀾，命運起伏，這世間有太多事不能如我們所願。也許是工作中的失意，也許是感情上的傷害，也許是金錢上的虧損，又或者是健康上的困擾……如果你此刻身處低谷，如何才能從內心出發，獲取沖出逆境的力量？《穿過悲傷的河流》告訴我們：自癒，或許是唯一的答案。

美國知名記者卡羅爾·史密斯說：「痛苦是生命的一部分，也是癒合的一部分。」她就職於《西雅圖日報》，連續七次獲普立茲獎提名。她採訪過無數人，親歷過生離死別，寫過數百篇報導。

為了鼓勵他人，更為了救贖自己，卡羅爾用七篇最為震盪人心的故事編寫成一本書——《穿過悲傷的河流》。此書一經出版，便被無數人當作救命稻草般抓住，不少讀者評其為「在生活中掙扎的人必讀之書」。這些故事會讓一個人明白，每個人都曾傷痕累累，但自癒力卻是無邊苦海中救命的唯一浮木。

人生，就是一條「悲傷的河流」

當你翻開這本書，首先會看到卡羅爾像外科醫生一樣，解剖自己的故事。她曾經人生順遂，卻在兒子出生那一刻，陡然滑向深淵。兒子克里斯多夫尚未出生時，就被查出了發育缺陷：尿路堵塞、腎功能受損……即便即時治療，孩子也很難擺脫後遺症。但在卡羅爾的不懈努力下，克里斯多夫頑強地活了下來，還在七歲這年，醫生推測有痊癒的希望。這一刻，卡羅爾如釋重負，慶幸自己熬出了頭。

這年聖誕節，她精心準備了家庭聚餐，為每個人挑選禮物，還提前學了幾道拿手菜。一個明媚的下午，卡羅爾邁著歡快的步伐回到家，未曾想噩耗竟突然降臨。醫院打來電話，說克里斯多夫突發腸梗阻，經搶救無效死亡。卡羅爾的世界，在得知這個消息的那一秒轟然倒塌，她站在內心的廢墟上，不知所措。

之後很長一段時間，她過得醉生夢死，直到看到《西雅圖日報》上的一則公告，才緩緩回過神來。那是國立衛生研究院的一篇文章，說明了一種兒童早衰症。卡羅爾看完後，忽然萌生了一個念頭，她要去採訪這些孩子，聽聽他們的故事。

而這一起心動念，改變了她之後二十多年的生活。她的採訪範圍從生病的孩子逐漸擴大到形形色色的人，他們來自不同的國家，有著不同的信仰，卻訴說著人生共同的難題。

在書裡，卡羅爾感慨地說：「人生，就是一條充滿悲傷的河流，河上的每一天，我們都可能溺水。」有人好不容易找到工作，轉眼就被裁員；有人剛還完房貸，父母又生病住院；有人看上去幸福美滿，卻面臨離婚的痛苦；有人拼盡全力，可是日子仍毫無起色。偶爾在一閃而過的社會新聞裡，我們能看到人生百態：五大三粗的中年男人在地鐵裡痛哭；精明能幹的事業女性只想被母親抱抱……無論貧富貴賤，人總會在一瞬間崩潰。

人生是趟苦旅，活著則是一趟頂辛苦的差事，頭破血流少不了，磕磕絆絆是常態。命運刮起的一陣小風，就足以將生活吹翻；突如其來的意外，總打得你措手不及。這不是某人一時的倒楣，而是所有人都有可能面臨的困境。

弱者自卑，強者自癒

心理學上有一種心理障礙叫「延續性哀傷（Prolonged Grief Disorder）」。意思是，當人無法接受悲痛的事實，就開始以弱者自居，導致長時間無法回歸正軌。卡羅爾在兒子去世後，表現出的就是這種典型的心理障礙。她每天生活在恐懼中，躲在家裡誰也不見。要不是採訪這份工作，她可能一輩子都走不出來。

因為採訪，她認識了男孩賽思。賽思剛剛十歲，卻衰老如八旬老翁，他被明確告知，早衰症很難痊癒。然而，這並不妨礙賽思成為一個快樂的小男孩。他是家裡的孩子王，會帶著弟弟妹妹四處探險，從垃圾場淘寶，在樹林裡捉迷藏，或者去野外的星空下露營。他會給幼稚園的小朋友讀故事，穿著大恐龍衣服演怪獸，氣喘吁吁地追著孩子們跑，他比任何人都快樂。他時常拉著愁眉不展的爸媽去散步，一路上說著各種笑話，完全不像個病人。

當全世界都放棄他的時候，賽思正在靠自己痊癒。他身上的這種自癒力，卡羅爾還在另一個人身上看到過。這個人被突如其來的火災毀了容，但他卻從不害怕站在鏡子前，審視自己變了形的臉。他說：「我沒有必要在陌生人面前掩飾真實的我，更沒有必要對自己掩飾。我可以躲在黑暗裡，但我更想走到陽光下，開心地活下去。」多麼堅強的人才能在厄運降臨後，說出如此明朗的話。

作家格雷格·里德（Greg S. Reid）曾說：「在挫折面前，大多數人都會停下來，因為他們沒有認知到這只是旅程的一部分。挫折和失敗能讓我們知道哪條路行不通，這樣，我們便能把精力集中到行得通的道路上。」

如何認知和對待人生裡的苦痛，向來是強者與弱者的分水嶺。大部分人的路會被挫折擋住，但強者卻會集中精力正面迎戰。人生很難，但難不倒內心強大的人。因為他們明白，世界再張牙舞爪，只要不認輸，就能逆風翻盤。命運給我們很多考驗，然而一旦踏進生活的河流，唯有強者才能一路向前。

如何獲得自癒力？

自癒者痊癒，卡羅爾意識到這點，是從認識那位退伍老將軍開始的。老將軍心高氣傲，卻不想因為一次嚴重的腦出血，成了「廢人」，從此變得暴躁易怒，第一次見卡羅爾的時候，竟粗魯地把她轟了出去。

可是誰曾想，僅僅兩周後，老將軍就致電向卡羅爾道歉，並邀請卡羅爾再次登門。但這次，卡羅爾明顯感覺老爺子不一樣了，眼睛裡有了光，聲音也洪亮許多。老將軍告訴卡羅爾，從上周開始，他正式向這副殘軀宣戰：白天積極配合康復訓練，晚上讀書、聽音樂，寫回憶錄。沒想到這些事竟讓他的心境豁然開朗。

這些採訪讓卡羅爾深受啟發，她也在自我療癒之後，從傷痛中走了出來。如何面對生命中突如其來的打擊，她在書中給了我們以下這些解藥。

1. 六神無主時，工作

在書裡，卡羅爾不只一次感恩報社，要不是這份工作，她永遠沒有理由說服自己好起來。人一旦忙起來，就不會輕易陷入回憶中無法自拔。如果你也深感迷茫，不妨像卡羅爾一樣，為自己找點事做。忙碌，是遏制胡思亂想最好的辦法；行動，會讓我們實現更大的價值。

2. 孤獨冷清時，跳舞

卡羅爾說自己最害怕夜晚，因為太冷清、太孤單。忍無可忍時，她會找姊妹淘一起去跳舞，嘈雜熱鬧的舞池，頓時讓她對生活有了知覺。一支支舞跳下來，大汗淋漓，筋骨舒展，再回家洗個熱水澡，就能安穩地睡去。其實，跳舞、跑步、登山……任何一項戶外運動都是治癒身心的秘訣。

3. 苦悶壓抑時，交談

受過命運重傷的人，或許都有一段自閉的經歷。沒有想見的人，沒有想說的話，性格越來越孤僻，內心越來越壓抑。這時候，要刻意提醒自己走出去，例如可以找個聊得來的人談一談。就像卡羅爾，當她大膽地把心事說出來，才發現別人並沒有幸災樂禍，也沒有惡意中傷，反而自己心裡輕鬆不少。

4. 委屈絕望時，讀書

毛姆曾說：「養成閱讀的習慣等於為你自己築起一個避難所，幾乎可以避開生命中所有的災難。」讀書能構建起一個人的精神家園，給心靈搭起避雨的屋簷。卡羅爾從小愛看書，兒子去世後，她更是手不釋卷，閱讀了大量的哲學書籍。漸漸地，她的思考境界有所提升，不再固守著自己的委屈絕望。人生在世，難免遭遇挫敗，處於低谷時不妨多讀點書。

卡羅爾說，《穿過悲傷的河流》是一本關於傷痛的書，但又是一本關於愛、生活、堅強和快樂的書。在一個又一個因意外而改寫的人生故事中，卡羅爾學會了去接納和理解，然後無所畏懼、抬頭向前。

故事最後，卡羅爾寫道：「每個人面臨的最大挑戰，其實是自己的心。把心安撫好，讓自己堅強起來，你就具備了抵禦任何創傷的自癒力。」

莫泊桑（Guy de Maupassant）說：「人的脆弱和堅強都超乎自己的想像。」弱者自顧自憐，聽天由命；強者坦然接納，自我治癒。

願你經歷人生的顛簸後，有爬起來的決心，又有走下去的毅力。無論前方風雨多大，都能一往無前。

當自己成為解藥，
就沒有治不好的傷。

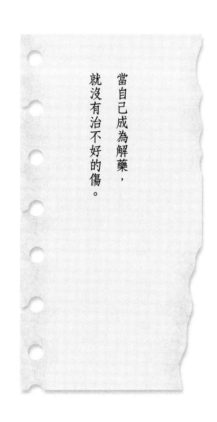

第二章　認知篇

——人生自修

普通人如何修煉自己的格局？
——從《四季奇譚》中找到覺醒的關鍵

經常聽到有人說「你要把格局放大一點」，那麼更大的格局真的能帶給我們更好的人生嗎？在小說《四季奇譚》中，主角安迪憑藉才智和毅力，成功奪回了屬於自己的自由。他的經歷告訴我們：一個人的眼界，決定了他的格局。而格局的大小決定了他能走多穩，能走多遠。

人生不如意事十之八九，真正有格局的人，是既能享受最好的，也能承受最壞的。很多人為《四季奇譚》中主角成功越獄的情節感動，但其實，他為人處世的格局更值得我們學習。正所謂眼界決定境界，格局決定結局。在鯊堡監獄，有人嚮往牆外的星辰大海，有人安於牆內的平淡與秩序。一個人能攀登到怎樣的高度，離不開這個人有怎樣的眼界。

格局小目光淺：單次博弈

故事的主角安迪是一位銀行精英，因被誤判為槍殺妻子及其情人的兇手而進入鯊堡監獄。安迪的生活頓時跌入低谷，他不僅要面對兇殘的獄警，還要忍受典獄長諾頓的打壓。

諾頓經常手持一本《聖經》，高高在上，在訓誡犯人時，總是傲慢地說：「把信仰交給神，把賤命交給我。」在鯊堡監獄，諾頓狂妄自大，把自己當成了監獄的主宰，來教化這些囚犯。諾頓表面道貌岸然，實則殘酷、陰險而貪婪，不擇手段地攫取利益。他用《聖經》裡的話警告安迪：「我是世界之光，跟從我的，就不在黑暗裡走，必要時得跟著希望之光。」他靠著犯人們攫取見不得人的巨額利益，並靠著安迪一次次把錢洗白。

可是當安迪滿懷希望地跑來告訴他，有一名叫湯米的人知道自己案子的真正兇手，可以證明自己無罪時，諾頓翻臉指責安迪的無禮，並找藉口阻止他翻案。他命人強行關了安迪幾個月的禁閉，完全不顧安迪的請求。不僅如此，為了不讓自己眼前的利益受損，諾頓狠心地把證人湯米偷偷射殺，終結了安迪重獲自由的希望。他從不審視自己，只去審判別人。

此後，安迪選擇隱忍不發，開始默默蓄力。通過持續為典獄長和獄警避稅，取得他們的信任，然後步步為營，籌謀逃出監獄。安迪逃走後，寫信揭發諾頓的一系列罪行，諾頓也為此付出了代價。諾頓怎麼也想不到，這個被他不斷折磨打壓、只配無償為他服務的罪犯，有一天竟然能逃出牢籠，還給了他致命一擊。

諾頓的行為，套用商業領域的一個詞，就是「單次博弈」。舉例來說，假如你去一個風景區旅遊，走進一家餐館吃飯，明明點了三百塊的菜，最後結帳時卻花了三千元。這個時候，你一定知道，自己被「盤」了。因為商家覺得你這輩子只會來這裡一次，他這輩子也只想和你做這一次生意，這就是單次博弈。

諾頓的狹隘使他與世界打交道的方式變成單次博弈。在他的眼裡，鯊堡監獄的犯人是最弱勢的群體，永無出頭之日，甚至可以說是一群隨意拿捏的垃圾。他只顧眼前利益，甚至不惜得罪聰明過人且掌握他大量祕密的安迪，這無異於殺雞取卵。

麻雀永遠飛不到青雲之上，因為牠只盯著地面的稻穀；雄鷹之所以能自由自在地在峰頂翱翔，因為牠的眼裡裝滿了山河大地。一個人被狹窄的眼界局限了思考，很容易困於一隅，難成大事。而格局小、目光短淺，選擇單次博弈的人，註定無法走得長遠。

格局大立意遠：重複博弈

安迪畢業於緬因大學商學院，入獄前就已經是銀行的副總裁。即便深陷囹圄，飽受折磨，他依然沒有崩潰沉淪。相比其他犯人的絕望麻木，他看似坦然接受這一切，卻從未安於現狀。

安迪的到來仿佛是打破平靜湖面的一顆石頭，他的與眾不同很快引起了瑞德的注意。瑞德是鯊堡監獄裡的老囚犯，他熟知這所監獄裡的一切，總是用諱莫如深的眼神打量著周遭，在他眼裡，安迪是這樣的：「他的步伐和談吐簡直是異類，像在公園散步，無憂無慮，仿佛身披隱形衣。」

安迪就像一隻光鮮的鳥兒，與這座壓抑麻木的牢籠格格不入。走路時，他挺胸抬頭；受欺負時，奮起反抗；關禁閉時，不忘思考。正是這種曾站在高處看過世界的格局，讓他有了不懼苦難的堅忍。

都說心有多大，舞臺就有多大。在一次修繕屋頂的勞動中，安迪不顧生命危險，憑藉豐富的金融知識，自薦為警備隊長避稅。此後，他幫助所有獄警避稅理財，變成了監獄裡的「模範罪犯」，不僅被調到監獄圖書館工作，還擁有單人牢房。

為提升其他犯人的眼界，安迪不斷幫助他們找尋生存的意義。他堅持用六年時間不間斷地寫信申請，終於為圖書館爭取到擴建資金，改善了監獄裡的學習環境。他還教罪犯們識字，引導大家看書，幫助獄友考取文憑。

強者自救，聖者渡人，這就是做人的格局。在獄友瑞德被監禁長達三十年，申請假釋再次失敗的時候，安迪送給他一支口琴。安迪希望這支口琴帶給瑞德力量，當有一天走出鯊堡監獄時，不會因無法適應社會而走上絕路。

在安迪看來，一個人的軀體可以被禁錮，但精神卻可以自由和豐盈。別人的夢裡都是殘暴恐怖的獄卒和獄友，而安迪的夢裡卻是太平洋藍色的海水。他來到鯊堡監獄受難，卻救贖了眾人的心靈。

相對於單次博弈，安迪與世界打交道的方式就是重複博弈。拿前面事例來說，如果那個風景區的餐館，能像對待朋友一樣對待每一位遊客，做到誠信，你也許會在心裡高看他一眼，也會樂意把這個店家推薦給朋友，店家也因此獲得了長遠的利益。

格局大的人，眼界更寬。選擇與世界不斷連結，路才會越走越寬。失意時，不氣餒；低谷時，不放棄。自渡，也渡人，持續精進，終有一天會遇見更好的自己。

格局，是眼界撐大的

安迪雖誤入深淵，卻沒有被深淵吞噬。在被調入圖書館後，他有機會看更多的書，不斷豐富自己的見識。

那些讀過的書開拓了安迪的眼界，為他帶來希望和勇氣。他曾學過地質學，結合書籍，他認真研究了附近的地質和氣象情況。經過思考，他意識到或許可以從監獄裡挖一條通往外界的隧道。

於是，憑藉著一把小鷹嘴鋤，安迪不動聲色地堅持挖了十九年，終於鑿出了一條通往自由的隧道，硬是打破了瑞德說的「需要花六百年」的玩笑話。更令人佩服的是，安迪還在預感審判不利時未雨綢繆，做了最壞的打算。在朋友的幫助下，提前把錢拿去投資，並辦了新身份，為自己留了退路。

人若不會思考，遇到的全是難題；人若沒有格局，看到的全是困境。一個人，只有不斷學習，看得更遠，才能夠做出更明智的決策。

在根據原著改編的電影《刺激 1995》中，有三個經典的場景令人難忘。

一是安迪和獄友一起修繕屋頂時，與獄警達成交易，用自己的膽識為獄友們爭取到喝啤酒的權利。安迪跟獄警說：「我只要求你給每位同事三罐啤酒，當一個人在春光明媚的戶外工作了一陣子時，如果有罐啤酒，他們會覺得更像個人。」令人感動的是，安迪把獄友稱為「同事」，在他眼裡，人與人都是平等的。那一刻，沐浴著溫暖的陽光，這群被判有罪的人坐成一排，喝著冰鎮啤酒。每個人都仿佛覺得自己是個自由人，正在修葺自家的屋頂。

第二個場景是安迪坐在辦公室裡，反鎖房門，將監獄廣播的聲音調到最大，從捐贈的舊物裡挑出《費加洛的婚禮》的唱片播放。歌聲悠揚，直上雲端，鏡頭切換到廣場。所有放風的囚徒仰望天空，靜靜聆聽，一瞬間他們好像重獲自由。音樂好像穿透了銅牆鐵壁，打開人心的枷鎖，而這座猙獰的監獄仿佛變成一座救贖人心、放飛希望的殿堂。

第三個場景則是安迪從下水道逃出，站在泥塘裡，在電光雨水之下張開雙臂，體會久違的、失而復得的自由，這一幕令無數觀眾熱淚盈眶。

有句話說得好：「格局之上，所見之處，步步皆景。」人一生中，總有那麼一段時間需要你自己扛。熬過最難熬的日子，在落魄中自癒，才能在頂峰相見。當一個人見過了高山大海，就不會被眼前的磨難所束縛。

格局不是與生俱來的，而是從切身的經歷和眼界中得來。就像安迪在大起大落的人生中，在無數次遊走在絕望邊緣的掙扎中，磨煉了心性，也迎來了蛻變。他雖然不是兇手，可是他自我反思時發現，是年輕時的自己不懂表達愛，才導致妻子的離開，於是懷著懺悔之心，用十九年救贖了自己。

現實的瑣碎，生活的苟且，常常蒙蔽我們的雙眼，讓我們只見浮雲，不見山川。當一個人陷於日常的平庸和困境中時，格局就顯得尤為重要。一個人的格局，決定了他看事情的角度。格局小了，看到的世界就很小；格局大了，世界就大了。往後餘生，願我們都能擁有更大的格局和更厚重的人生。

即便身處泥沼裡，
也別忘記仰望星空的權利。

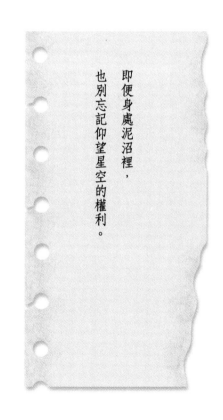

普通人如何才能逆襲？

——從《圍城》中認識拖緩成長的壞習慣

當下社會競爭激烈，導致越來越多的人感慨：「現在的普通人越來越難逆襲了。」在錢鍾書的小說《圍城》中，男主角方鴻漸就是大眾眼裡悲劇性的普通人。他出身沒落鄉紳家庭，靠岳父資助混了個假學歷濫竽充數，回國後又在求職路上屢遭詬病，因為愛慕虛榮而將戀愛婚姻都搞得灰頭土臉……希望他的經歷，能為你的成長發展排雷避坑，抓住生命中的重要機遇，實現逆襲。

「城外的人想衝進去，城裡的人想逃出來。」這句我們耳熟能詳的話，出自近代著名學者錢鍾書的《圍城》。這本被譽為「新儒林外史」的小說，以犀利明快的語言講述了二〇世紀四〇年代普通人的欲望與桎梏。在當下這個時代，這本書依然有著振聾發聵的啟示。

男主角方鴻漸的一生，其實得到過不少機會和幫扶，這些本該使他的前途無限光明，但他卻像是被一張無形的大網困住，無法掙脫。

方鴻漸的一生彷彿是無數平凡卻又不甘平凡之人的人生縮影，真正困住「方鴻漸們」的不是平凡的出身和貧乏的經歷，而是他們的懶惰成性、虛偽做作、不通世故。而《圍城》帶給無數普通人的重要啟示是：想要逆襲，得扒去「三層皮」。

第一層：扒掉懶惰成性的生活方式

曾國藩說：「天下古今之庸人，皆以一惰字致敗。」如果說懶惰是普通人前進路上的巨大阻礙，那麼懶惰成性，就是直接將自己在未來裡判出局。

方鴻漸正是這樣一個一懶再懶，最後逼得自己無路可走的人。在國內讀大學的時候，他既不想學花腦力的土木工程，又厭棄枯燥乏味的哲學，因此反覆轉科系，最後轉到了文學系。

正在方鴻漸以為自己就這麼隨便混混日子，了此一生的時候，意外的轉機出現了。早年與他定親的周氏女因病離世，準岳父被方鴻漸的悼唁感動，決定資助他出國讀書。這對於家境不寬裕的方鴻漸來說，可真是個天降之喜。

然而，到了國外，方鴻漸混日子的習慣依舊沒變。他繼續遊山玩水、貪圖享樂，真正的學術研究根本沒做。文獻不找，外語不學，書本不讀，還在四年間換了三所大學。他把留學的錢揮霍殆盡，最重要的博士文憑卻沒拿到，可謂竹籃打水一場空。為了敷衍家裡，方鴻漸只好花錢買個博士頭銜回國。

可是這頭銜，在他求職的時候不但沒幫上忙，還成了他「不學無術」的鐵證。方鴻漸後來申請三閭大學的教授崗位，不僅被校方發現學歷存偽，連就讀的專業都對不上。他只勉強撈到個倫理學副教授之職，卻因為教學品質差，被學生不斷投訴。最後，方鴻漸狼狽地離開了三閭大學，在報社的資料室謀了個邊緣職位，拿著低薪水，日日看人臉色。

網路上有這樣一個話題：人為什麼會懶惰？其中一個多數人贊同的回答是：因為前路看不清，退路又太多。的確，往前走需要克服逆風驟雨，但回頭看還有退路，於是猶猶豫豫，不願付出真正的努力。這樣的懶惰成性，讓人們走進了一座能力的圍城，在裡面長成了一個不會自謀生路的巨嬰。然而，世界上沒有絕對保底的生活。年輕時或許有家人、朋友的幫助，年長後遲早都要獨自面對生活的重擔。

與其最終吃生活的苦，不如提前吃努力的苦。當你拋下懶惰和懈怠，拾起自律和勇氣，會看到路就在腳下，希望就在前方。

第二層：扒掉虛偽做作的面子束縛

在留學回國的遊輪上，風流倜儻的方鴻漸俘獲了同學蘇小姐的芳心。蘇小姐旋即對他展開了猛烈追求，方鴻漸也因此誤打誤撞結識了愛慕蘇小姐的趙辛楣。雖然後來與蘇小姐的感情無疾而終，但方鴻漸與趙辛楣卻由情敵變為了知己好友。

抗戰開始，方鴻漸逃難到上海時，還獲趙辛楣引薦，得以同他一起去內地的三閭大學任教。在此期間，他遇到剛畢業的女大學生孫柔嘉。後來，在孫小姐的纏綿攻勢下，方鴻漸在被迫離開三閭大學後，最終與她走入婚姻。但方鴻漸的愛面子，卻讓孫柔嘉吃了不少苦頭。

兩人在香港拜訪趙辛楣的時候，意外遇到蘇小姐。這時蘇小姐已經嫁給家境殷實的曹元朗為妻，打扮得闊氣又時髦。她不僅出言嘲諷衣著落伍的孫柔嘉，還對趙辛楣母子忙前忙後獻殷勤，把孫柔嘉當作空氣。方鴻漸作為丈夫，眼見自己的妻子被旁人怠慢侮辱，卻只是握緊座位扶手，不敢說一句話。

方鴻漸在外努力打造自己謙恭有禮的形象，但回到家裡卻與妻子爭起高下。孫柔嘉為了隨他生活，放棄三閭大學的晉升聘書，進去紗廠人事部工作。可是即便如此，她的薪資也比在報社工作的方鴻漸高出一倍。這原本可以減輕生活壓力，方鴻漸卻強烈要求孫柔嘉放棄這份高薪工作，留在家裡相夫教子。

當一個人層次越低，越缺乏底氣的時候，就會越看重面子。生活中，像方鴻漸這樣的人比比皆是：收入不高卻貸款買奢侈品的人，在朋友面前打腫臉充胖子；學識淺薄卻高談闊論的人，在飯局聚會上吹噓炫耀。

然而，生活過得到底好不好，只有自己才知道。人生路遙，擔子漸重。如果總以外在的浮華掩飾內心的空虛，到頭來不過是南柯一夢。放下面子束縛，真正精進內在實力，才能讓自己的生活變得自由舒暢。

第三層：扒掉不通世故的橫衝直撞

如果說小孩子不通世故是天真可愛，那麼成年人不通世故，往往只會讓生活平添磨難。

方鴻漸在三閭大學任教期間，聽聞教歷史的韓學愈也是花錢買來的博士頭銜。然而，方鴻漸不懂得察言觀色，揭人短處之後立刻遭到報復。韓學愈對學歷之事耿耿於懷，鼓動學生向校方舉報方鴻漸教學品質極差。

方鴻漸在三閭大學的同事陸子瀟那時正追求孫柔嘉，方鴻漸說好幫他介紹，背地裡卻教唆孫柔嘉把來信全部退回。陸子瀟因此不忿，聯合訓導主任李梅亭向校長高松年告密開除他。方鴻漸幾經劫難之後並未有所長進，反而被捲進了人情世故的漩渦中，喘息不得。

校長高松年本來就對方鴻漸的學歷和業務能力意見很大，可是方鴻漸明知如此，不但不主動緩和關係，還滿腹埋怨。久而久之，校長對方鴻漸更加厭棄，忍無可忍之下，最終將他解聘。

方鴻漸的橫衝直撞，不僅令他在職場上混得狼狽不堪，在戀愛和婚姻上也搞得灰頭土臉。原親家周太太先前給方鴻漸介紹了相親對象張小姐，在那場跟張家人的見面中，方鴻漸把為人處事的不體面展現得淋漓盡致。

方鴻漸陪著張家長輩打麻將贏錢後，竟為了買一件獺絨大衣不遺餘力地催促對方快快清帳，失了做客的分寸。飯局結束後，方鴻漸見張小姐在看一本情感類的書，便發出不懷好意的譏笑。一場相親下來，方鴻漸徹底惹惱張家眾人。

方鴻漸這類人，在社會上碰壁之後就開始抱怨人情冷漠。以自我為中心的他們未曾想過，在生活壓力巨大的當下，周圍的人們也都有各自的難處。

職場上，一個敷衍了事的舉動，可能造成同組人被炒魷魚；生活裡，一通沒來由的怨氣，可能導致家庭成員的分崩離析。不懂得換位思考，結果只能是自討苦吃。事實上，人與人之間的相處沒有什麼奧秘，所謂的人情世故，就是將心比心。學會把心放寬，推己及人，才能與人共情，為人接納。

方鴻漸家境不富，有幸貴人相助卻將一手好牌打得稀爛，讀罷《圍城》，令人在掩卷後唏噓不已。現實中，「方鴻漸」並非個例，他更像是一個縮影，映照出般般人性、種種現實。錢鍾書先生通過《圍城》告訴我們，普通人要逆襲，一定要扒掉身上這三層皮：扒掉懶惰成性的皮，主動追求自己的人生目標；扒掉愛慕面子的皮，真正地提高核心競爭力；扒掉不通世故的皮，懂得理解與尊重別人。

人的一生，歸根到底，是一場跟自己的較量。戰勝了自己，就戰勝了命運。

> 在虛榮與寂寞的海，他們一天沒靠岸，
> 就一天不會停止這場起伏不息的潮汐。

怎樣才能持續進步？

——從《心態致勝》中實現思考的躍升

現如今激烈的競爭中，「成長型思考」的概念不斷被人提及。但它到底是什麼？對我們的生活有什麼影響？又該如何培養呢？這些問題，我們可以在史丹佛大學心理學教授卡蘿．杜維克的《心態致勝》一書中找到答案。這本書用諸多理論和案例告訴我們，所謂培養成長型思考，歸根結底就是養成成功的思考模式。

為什麼不同的人處理相同的麻煩，最終的結果卻大相徑庭？為什麼不同的人面對相同的壓力，有的避之不及，有的卻興奮不已？

有人會認為這是因為每個人天生的性格不同，但《心態致勝》這本書告訴我們：這其實是每個人思考模式不同所導致的。

三毛曾說：「苦難可以是一種功課，你好好地利用了它，就是聰明。」而這種聰明，正是我們常說的「成長型思考」。

成長型思考，重塑自我的大智慧

朋友小楠，在公司做了七年的會計，一直認真負責、兢兢業業。財務經理退休前，考慮到她一向表現不錯，且聰明好學，便向管理層提議由她來接任，同事也都很支持。和總監面試後，她信心滿滿地等待任命通知。但意外的是，公司不僅沒選擇她，還平白空降了一個主管。

這個突如其來的「噩耗」，讓小楠既羞愧又憤怒，忍不住開始懷疑自己：是我有什麼問題嗎？水準不夠？不會經營關係？還是說我真的沒做這行的天賦？

就在她決定辭職時，突然冒出的一個念頭讓她冷靜下來：沒能得到那個崗位，僅僅是我遇到過眾多挫折中的一個而已，它並不能說明我很失敗。如果我因此消沉，從此不再成長，這才是真正的失敗。

當她想通之後，就不再自怨自艾，轉而將精力用在精進自我上面。後來，她花一年的時間考取中級會計師，工作中取得的一些成績也逐漸得到管理層的賞識。直到現在，她都無比慶幸那時的她，竟無意間開啟了成長型思考模式。

杜維克博士說：「固定型思考的人會把發生的事情，當成一個衡量自己的能力和價值的直接尺規。成長型思考的人則不會給自己貼上各種標籤，或是對自己失去信心。」

擁有成長型思考的人明白，人生不如意事十之八九。也許是不公平的待遇，也許是工作的挫敗，也許是情感的不順……遇到了不如意的事，與其浪費時間怨天尤人，不如專注於解決問題、增進能力。當你能力夠強、實力夠硬，所有的不如意都是過眼雲煙。

成長型思考，親密關係的保鮮劑

前陣子，同學小C怒不可遏地說她要離婚，而在此之前，這句話她已經說過無數次了。她之前的戀愛，每次都是從「一見鍾情」開始，以「三觀不合」結束。

這次讓小C無法忍受的是，出差回來的她掀開汙衣籃，裡面竟然還存著丈夫三天前的衣服。我問她有沒有好好溝通過，她搖了搖頭：「沒什麼好溝通的，他總這麼邋遢，我們三觀不合，我為什麼要委屈自己。」她還像從前一樣，一心想要「完美伴侶」。

杜維克博士在書中寫道：「固定型思考模式者總認為，最理想的情況是即刻的、完美的、永恆的和諧相處。」可惜生活不是童話，這個世界上並沒有絕對完美的婚姻。

電影《愛在午夜希臘時》裡，主角傑西希望妻子席琳能和自己到美國去生活。而性格獨立的席琳，卻希望丈夫可以支持她發展事業，並且多花點時間照顧孩子。他們都想改變對方，卻都不能如願。

幸運的是，他們沒有一直沉浸在自己固有的思考模式裡，而是在不斷地磨合和溝通中認知到：問題不會因為離婚而消失。如果想獲得幸福，夫妻之間必須互相扶持、共同努力。因此在婚姻紅燈亮起時，他們開始用愛和耐心包容各自的不完美，不斷改變自己，為對方做出妥協。

婚姻裡，多的是雞毛蒜皮的爭執：家事憑什麼都是我一個人做，你卻攤在沙發上出一張嘴？為什麼每次用完東西都不放回原處？週末到底應該聽你的出去吃飯，還是依我的心意在家追劇？

其實，決定我們是否幸福的往往不是事情本身，而是我們選擇用什麼樣的角度去看待它、解決它。當婚姻中遇到問題時，與其爭執誰對誰錯，不如合力解決問題；與其執著於完美伴侶，不如和對方一起不斷磨合和完善自己。

學會成長型思考，才能從互相批評和指責轉為互相協助、共同合作，讓夫妻關係持續保鮮。

成長型思考，成為孩子的最佳教練

同事有個非常聰明可愛的兒子。每次去她家做客，她都會熱情地展示孩子的畫作和成績單。每當孩子取得不錯的成績時，她也都會誇獎：「你真聰明！你真的很棒！」

可是後來孩子升上高年級之後，成績突然一落千丈，為此她常苦惱不已：「明明兒子十分聰明，為什麼就不願用在學習上？」每天跟我們分享的日常也從「母慈子孝」變成「雞飛狗跳」。

難道是鼓勵式教育失敗了嗎？實則不然，這只是固定型思考模式在作祟。家長們如果習慣將「聰明」與孩子的「成績」相關聯，往往會讓孩子們執著於被稱讚的成果本身，卻忽略了過程。

一旦學業變得困難，意味著很可能無法取得往日的好成績，孩子就會懷疑是自己變笨了。為了避免大家認為他不再聰明，他會選擇逃避，對學習產生很強的抵觸情緒。這也是現代「傷仲永」產生的主要原因。

杜維克博士在書中提道：「我們應該避免那種對孩子的智力做出評價的讚揚方式，或是讓他們覺得我們不是因為他們付出的努力，而是因為他們的智力和才能而感到驕傲的讚揚方式。」為人父母，更應該運用成長型思考模式，去鼓勵孩子注重過程，享受挑戰，並從失敗中獲取教訓。

例如，比起稱讚孩子聰明，不如誇讚他勤奮、努力；比起稱讚孩子考取高分，不如誇讚他這次在哪一科目上有所進步。如果孩子表現得不好，那就跟他一起分析問題所在，鼓勵他下次改進，繼續努力。

父母只有用成長型思考陪孩子一起成長，孩子才會明白，努力的過程比結果更重要。

四個步驟，進入成長型思考模式

遇到事情，人很容易傾向於用固定型思考去思考，而成長型思考則需要我們不斷地學習、實踐。那麼該如何踏上通往成長型思考的旅程？不妨看看以下幾點建議。

• 第一：接受

戰勝困難的第一步就是面對。我們首先要做的就是面對「每個人都有可能被固定型思考束縛」這個事實，但要記住這既不可恥也不可怕。

・第二：觀察

當你遇到了一個難題，觀察一下自己腦海中是否有這樣的聲音：「放棄吧，你做不好這件事的。」「你永遠也成不了那樣的人。」這些聲音就是你固定型思考的人格發出的，你需要觀察它總是在什麼時候出現，並找到觸發它的原因。

・第三：命名

現在，你需要給那個固定型思考的人格取名字。例如，可以叫它大壯、小帥或者小美。每當你遇到困境時，它總會出來火上澆油。因此，你也可以給它取個令人討厭的名字，一旦發現這種人格開始活躍，就提醒自己絕不能聽之任之。

・第四：教育

最後一步，你需要和這個固定型思考的人格一起踏上成長的旅程。在固定型思考人格出現時，你可以心平氣和地告訴它：「我知道也許現在我還無法做到這一切，但請你耐心一些，我會找到頭緒，我明白下一步要去做什麼，希望你可以跟我一起嘗試。」

當你能夠勇敢地面對固定型思考人格，並且讓它加入自己的成長之路時，你就能用更積極的態度去面對那些棘手的問題。

托爾斯泰曾感慨：「大多數人都想改變這個世界，卻沒人想過要改變自己。」人生就是一關過完還有一關，想要改變不滿意的現狀唯有改變自己。學會成長型思考，不僅能受益終身，還能運用這些技巧去幫助家人和朋友。下次遇到麻煩時，不妨試試成長型思考，也許你還會驚喜地發現生活中那些狗屁倒灶的事，也能譜寫出美麗的詩篇。

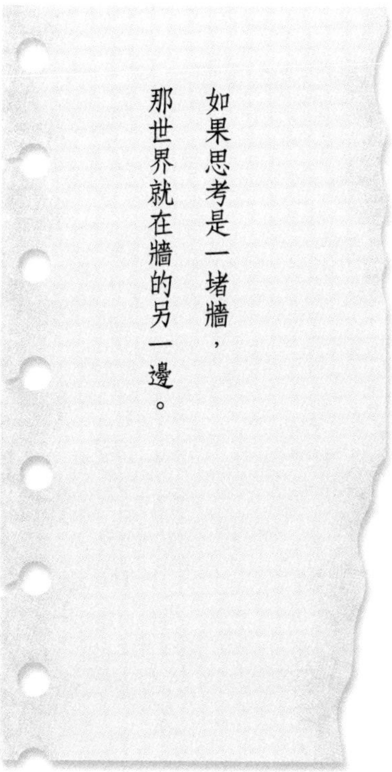

如果思考是一堵牆，
那世界就在牆的另一邊。

如何改變一團糟的現狀？

——從《只要5%的改變，生活就有全新的可能》中尋找打破瓶頸的方法

生活中，很多人時常渴求改變，但往往光是開始就幾乎耗盡了意志力。《只要5%的改變，生活就有全新的可能》這本書則告訴我們：只要用對方法，改變並非那麼難。

你是否想跟原生家庭和解，可是一開口就抑制不住脾氣？你是否做著不感興趣的工作，想轉行但一直沒有勇氣？你是否在一段感情裡內耗許久，卻又捨不得放手……真是奇怪，為什麼我們明明很清楚這不是自己想要的生活，卻不願做出脫胎換骨的改變呢？

《只要5%的改變，生活就有全新的可能》的作者、心理學家李松蔚給出了這樣的回答：人在困境中總是期待百分之百的改變，但這常常會導致百分之百的

挫敗感，因為總是難以貫徹。人真正能成功改變的部分也許只有5%。

原來，過於完美的目標，難以完成的壓力，才是讓我們陷入困境的真相。而從5%的改變做起，才是讓我們擺脫這種既掙扎又挫敗的日子的開端。

5%的改變，是允許不完美

每個人對自己都有或多或少的不滿，也許是身材不夠好，也許是收入不夠高。

曾經看到一位網民說，二十多歲的時候，她特別討厭自己的不自律：一直追劇看小說，熬出飛蚊症；遇到好吃的東西就停不下來，體重飆升；看了很多時間管理的書，定了計畫卻又沒執行。她想要一個健康向上的自己，於是硬著頭皮一次次嘗試改變，卻始終無法達到要求。就這樣帶著焦慮，持續著一團糟的生活。

後來，邁入三十歲的她不再跟那個想像中完美的自己較勁。只列出想做的事，然後把它放在能看得到的地方，但不寫什麼時候做——高興做就做，不高興做就不做。沒想到，事情反而慢慢地推進和完成了。

蕭伯納曾說：「很多時候，完成比完美更重要，在一次次完成中反覆運算，就是值得驕傲的進步。」苛求完美，像是一場與自己的無窮鬥爭，只會搞得精疲力竭。而真正的蛻變，是以輕鬆的心態去接納原來的我，以5%的改變去迎接嶄新的我。

李松蔚曾碰到一位想要長久改變的焦慮求助者。她想擺脫抑鬱症的困擾，想和重男輕女的父母和解，想轉行做喜歡的設計工作……李松蔚給出的建議是，讓她暫時放下想要一個徹底的百分百改變的想法。先試試在保持生活狀態不變的情況下，每天只騰出特定的一小時，嘗試做5%的改變。

這位求助者照做了。她先是恢復運動習慣，慢慢找回了對自我的掌控感。接著又讀起了書，專注力和幸福感也隨之提升，生活一步步地回歸正軌。

到一定的年齡，我們才會發現，不完美是生活的常態。既然百分之百的改變難以實現，那就先做5%的改變。5%的進步看似微弱，卻能像滾雪球一樣，鬆動生活裡的焦慮不安。

5%的改變，是注入微行動

很多時候，人感受到的痛苦，往往不是來自痛苦本身，而是來自自己的想像。沒人不渴望改變，但真正改變起來，難免伴隨著「抵抗」。我們總是習慣給自己設定出各種不良結果，以「假性痛苦」來麻痹自己，不敢改變。

看過這樣一個真實的故事。一位北漂女孩說自己是個沒地位、沒錢、沒歸宿的魯蛇。她打算從繼續考研究所和回老家考公務員之間做選擇。於是每天一閒下來她就會想：考研究所吧，已經失敗過兩次了，自己年紀已大，家裡又窮，繼續備考讀書是不是太自私了？考公務員吧，但考上就會過著「一眼就望到盡頭」的日子，人生是不是太悲哀了？就這樣，女孩每天都在跟自己的腦袋打架，生活沒有任何起色。

於是《時間之書》中有這樣一段話：「年輕人，你的職責是平整土地，而非焦慮時光。」當我們對生活有任何不滿時，焦慮是最無用的等待。唯有改變才能帶來調整的可能，唯有行動才是解決的出口。

得到 APP 聯合創始人兼執行長脫不花，總結過一個經典的「魯莽定律」：人生總有很多左右為難的事，如果你在做與不做之間糾結，那就立即去做。因為如果不做，這件事就永遠會是停在腦中的「假想」。而去做的話，就進入了一個嘗試、回饋、修正、推進的迴圈，最終至少有一半的機率能成功。

滿分行動太難，那我們只要做5%的改變就好。今天看一頁書為自己充充電，明天跑五分鐘為健康蓄蓄力。當你為自己注入一丁點的改變，生活便開啟了往好的發展。如此日積月累，直到你發現自己已在不知不覺中完成了一場奇妙的蛻變。

5%的改變，是最清醒的成長

每個人都希望自己越變越好：能力更高、情緒更佳、身體更棒……想要實現這些，並非一日之功，而是需要付出持久的努力。

所以，請試著從5%的改變做起，去調整你當下的生活。可以嘗試如下三種改變：

1. 轉換思考，用記錄的方式來觀察問題

我們常常忽略，記錄也是解決問題的一種好方式。因為一邊寫下來問題，一邊就會無意識地梳理邏輯，最後創造出新的解決思路。

有位女生對他人總是和顏悅色，但是一面對自己的母親就很容易發生語言衝突。心理學家建議她觀察和記錄自己的情緒，她照著做，最後驚喜地找出了衝突的真正原因，達成與母親和解的願望。

遇到困境時，如果感覺無從下手，不妨試著觀察和記錄問題，從文字中發現異常，在自覺裡找到答案。

2. 擺脫恐懼，嘗試「做了又不改變生活的小事」

如果你對變化感到恐懼，那就去嘗試一些做了也不會讓當下生活立即發生巨大變化的小事。

例如，有位男生想要回到闊別兩年的職場，卻始終邁不開找工作的步伐。於是，他嘗試著每天花半小時來寫簡歷，寫完之後就把簡歷刪除。這樣既能待在安

全區裡，同時也有了小小的探索。隨著每天的簡歷越做越完善，他的信心也逐漸增強，慢慢地就走出舒適區了。

3. 付諸行動，拋開想像去解決實際的困惑

如果令你焦慮的問題是未發生的事情，那麼就很難付諸行動做出改變。因為這不算是真正的問題，無法被實際解決。所以，我們要學會自覺辨別，自己所謂的困惑究竟是不是真實存在的難題。

擔心將來被裁員是想像出來的問題，覺得自己職場競爭力不夠才是真正的恐懼；害怕孤獨終老是想像的問題，認為自己找不到另一半才是現實的困難。當你把焦點放在具體的問題上，才能釐清解題的思路，提高行動力。

羅翔說過：「真正讓你成長的，永遠是那些讓你害怕、逃避、疼痛的事情。」人終其一生，都要學會成長。與其被動地生活，不如主動地進步。每天花五分鐘觀察自己的言行，嘗試一件簡單易行的小事，去解決實際的難題……

試著從5％的改變裡，去感受自己的變化，去發現人生的更多可能。

為什麼要害怕呢？
又沒什麼好失去的。

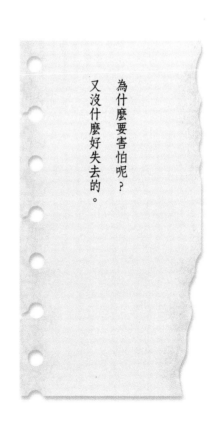

如何活出真正的自己？

——從《流浪者之歌》中領悟突破自我局限的奧秘

「人間清醒」說得簡單，但真正做到的人卻寥寥無幾。諾貝爾文學獎得主赫曼．赫塞的小說《流浪者之歌》，被美國作家亨利．米勒稱為「比《聖經．新約》更有效的一劑良藥」。如何才能獲得覺醒？生命的圓滿又會在哪？當你讀完了《流浪者之歌》，或許便能有所體悟。

人生海海，顛沛流離，不如意之事十之八九。很多時候，無論我們如何努力，都難免會在現實的槍林彈雨和命運的無形壁壘間心生困惑，繼而拼盡全力尋找活著的意義。

一九一九年，第一次世界大戰剛剛結束，赫曼．赫塞也準備著手創作《流浪者之歌》。然而，彼時的他正陷入前所未有的人生危機。經濟困頓拮据，家庭分崩離析，他自己更是深陷抑鬱和疾病的折磨。好在如同小說主角悉達多在痛苦中逐漸求得真理，赫曼・赫塞也在無數個晝夜裡，洞悉著靈魂，並逐漸尋得解脫。

見自己：認知局限，尋求蛻變

條條大路通羅馬，但有些人一出生就在羅馬。小說主角悉達多便是如此。生於印度最高種姓婆羅門的他，擁有看似完美的一切：高貴的門第，俊朗的外表，良好的教育，以及眾人的熱愛。然而，即便如此，悉達多的心中依舊充滿悵然。

終於，在一個破曉的清晨，他告別父母，與朋友喬文達踏上了尋道之路。為了得到開悟，他們摒棄一切世俗的欲望，體驗疼痛、饑餓、焦渴和疲憊，將身體折磨得骨瘦如柴。

苦修三年，當喬文達無比欣慰，覺得自己學到很多時，悉達多卻非常清醒地認知到自己除了學會忍受和麻痺痛苦，並無任何實質進步。正當他為此悲痛時，世尊佛陀喬達摩的現世流言，在沙門中傳得沸沸揚揚。於是，兩人決定前往，並終於在祇樹給孤獨園（祇園精舍）見到了仰慕已久的佛陀。

可不曾想，聆聽了法義宣講後，喬文達震撼而滿足，決意追隨佛陀修行，悉達多卻選擇離開。因為佛陀的完滿，讓他明白了自己的差距，進而深刻地認知到：知識可以傳授，而智慧只能自己體悟。一個人必須探入自己的最深處，才能真正瞭解自我的本質和意義，進而真的解脫。

印度作家薩古魯曾說：「理解自身現有生活中的局限，並且最大程度地活出精彩，然後看看怎樣才能超越這些局限，具備這樣的生活態度是非常重要的。」人生汪洋，雲遮霧障。我們或許可以一輩子循著他人的腳印，亦步亦趨，度過一生。然而，想要獲得真正的蛻變，必須反躬自省，走出小我，在一次次破局中尋求昇華。察覺格局的狹隘，發現認知的不足，保持內心的謙遜。

自我撕裂固然疼痛，可唯有剖開現實的縫隙，才能循著光影，踏入更加廣闊的天地之中。

見天地：遇人修心，遇事修性

告別了喬文達和佛陀之後，悉達多再次踏上征程。此時，那原本令他厭惡、鄙夷的世俗世界，忽然變得靈動和美妙起來。於是，他決定放棄苦修，跟隨欲望，在塵世中尋找智慧。

他主動向美豔的名妓迦摩羅學習情愛之術。他投身商海，與富豪迦馬斯瓦彌一起打理生意，領悟財富之道。此時的他依然不忘警醒自己一切只是遊戲。

然而，人的健忘，總是來得那麼容易和坦然。隨著感官被現實的狂熱慢慢喚醒，悉達多的靈魂，逐漸變得渾濁。他不再克制，而是忘乎形骸地享樂，貪而不足地佔有，在荒誕中變成了一個肥膩而醜惡的中年人。

直到有一天，悉達多意識到了自己的改變。於是他離開府邸，並意圖跳進河中，終結自己可憐又可恥的生活。可是就在入水的一瞬，他猝不及防地被心底的呼喚點醒。悉達多頓悟：我必然經歷貪欲，追逐財富，體驗噁心，陷入絕望的深淵，並由此學會去抵禦它們。學會接受這個世界的本來面目，熱愛它，以歸屬於它而心存欣喜。

這一刻，他不再自責，而是在椰子樹下無夢酣睡，如獲新生。

契訶夫曾在書中寫道：「我相信任何事情都不會不留痕跡就過去，對現在的和將來的生活來說，我們所走的最小的一步路都是有意義的。」這世上沒有白費的努力，更沒有碰巧的成功。過去的一切經歷，都是我們人生中必不可少的修行。每一次困惑是修行，每一次覺醒是修行，每一次悲歡喜樂是修行，每一次開始結束，亦是修行。王陽明說：「人須在事上磨練，做功夫，乃有益。」遇人修心，遇事修性。一個人只有經歷了人情反覆，世事冷暖，才能獲得真正的清醒。

見眾生：接納一切，順其自然

甦醒以後，悉達多決定留在河邊。這是他當年投身俗世的起點，如今，他要重新開始。他起身踱步，沿著河流而下，並最終在渡口找到了曾經幫助過自己的船夫。雖然時隔二十多年，這次重逢卻無比默契：他們互相傾吐，決定共同生活，並去向河水求教，從中學會一切。往後的日子裡，他們一起耕作、撿木頭、摘芭蕉、補船，日子過得興致盎然。

直到有一天，一位風塵僕僕的女人經過此地，讓風波再起。沒錯，她便是悉達多曾經的愛侶——迦摩羅。這一次，她帶著她和悉達多的兒子小悉達多去朝觀佛陀。卻不想，迦摩羅在半路被毒蛇咬傷，她和兒子掙扎著來到了悉達多和船夫所在的渡口。

遺憾的是，迦摩羅最終沒能活下來，將兒子留給了悉達多。兒子的到來，喚起悉達多前所未有的愛。他拼盡全力，去疼惜他，照顧他，企圖能贏得孩子的心。然而，面對陌生的父親和貧瘠的環境，小悉達多充滿抗拒。他出言冷漠，行為怠懶，甚至說自己寧願做殺人犯，下地獄，也不願和這所謂的「父親」在一起。一個清晨，孩子偷偷逃走。悉達多瘋了似地到處追尋，卻一無所獲。

往後的日子，他的思念愈發強烈。直到有一次，他聽到河流的「笑聲」，才發現了自己如此愚蠢。因為，如果無法放下「我執」，人生永遠不得解脫。

他開始理解世間的一切：偉大的、渺小的、善良的、邪惡的……理解了兒子的叛逆，逃離，選擇。然後如同大河一樣，接納相容。

《格言別錄》中說：「自處超然，處人藹然；無事澄然，有事斬然；得意淡然，失意泰然。」真正的覺醒，就是不再苛求完滿，在世事紛繁間，保留一份順其自然的豁達。

世間眾人，譬如一樹花，雖然同生同開，但最終會隨風而落，各安其命。面對世事的紛雜，不妨少一點計較，多一些釋懷，才能樂觀豁達，一身自在。

《流浪者之歌》自一九二二年首次出版，已經被翻譯為多種語言，並暢銷全球。無數人視其為精神歸宿，因為悉達多那苦苦追尋的一生，實在像極了我們。年少時，察覺自己的渺小，於是不顧一切，踏上探索之路。中年時，看遍人間得失，方知生活本身，就是一個道場。直到歷經一切，才幡然醒悟，明白只要心中釋然，人生的每一刻，都是圓滿。

蔣勳曾說：「生命是一場對話的旅途，與自己對話，與周遭對話，與世界對話。」當千帆過盡，看遍風塵，我們終會讀懂大千世界，迎來自己的覺醒。

人生如夢，重要的不是把夢做得更美，
而是別忘記從夢裡醒來。

如何打破慣性思考？

——從《快思慢想》中獲得厚積薄發的力量

近些年，越來越多的人開始認同「慢慢來，比較快」的理念。一方面，現代社會快速的生活節奏容易讓人感到疲憊、焦慮；另一方面，一味追求表面的「快」往往會掩蓋很多重要的思考，甚至忙碌一場卻停滯不前。諾貝爾經濟學獎得主康納曼用他的經典代表作《快思慢想》告訴我們：有些事，真的急不得。

愛因斯坦說：「如果我有一個小時去拯救世界，我會用五十五分鐘去確認問題，用剩下五分鐘思考解決方案。」就像康納曼在《快思慢想》中寫的：「重複且長時間的無盡忙碌，只要條件具備，大部分人都可以做到。難的是思考。沒有深入的思考，勤奮就沒有意義。」

浮於表面的快思考，看似效率很高，卻常常讓人走入思考的泥潭。而慢思考，則能帶你由此及彼、由表及裡、抓住問題本質。思考這件事，很多時候，慢慢來，反而比較快。

快思考：自覺自發，常伴左右

有這樣一個問題：球拍和球總共1.1美元，球拍比球貴1美元，問球多少錢？如果憑直覺，得出的答案往往是10美分，然而這是一個錯誤答案，正確答案應該是5美分。

當把這個問題拿給美國高校上萬名學生回答時，結果令人吃驚：在哈佛大學、麻省理工學院、普林斯頓大學等一流名校中，百分之五十以上的學生給出了直覺性的錯誤答案；在其他普通大學裡，則有百分之八十以上的學生沒有驗證答案就脫口而出。

《快思慢想》指出：「我們最常用的快思考，能夠依賴情感、記憶和經驗迅速做出判斷。」但是，快思考遵循「眼見即事實」的原則，常常跟著感覺走，容易導致我們做出錯誤選擇。

現實生活中，這樣的事並不少見。在知道電影的原理之前，我們很難想像，電影並非連貫的，而是由一幀一幀的畫面拼湊而成；魔術師正是利用人們的視覺誤差，製造了一個個「奇蹟」……事實上，除了視覺，我們的每一種知覺和思考都會有誤差。僅僅依靠快思考，我們往往只能看見自己想看的東西，只能聽見自己想聽的聲音。工作中只會快思考的人，往往會掉入低品質努力的陷阱。

有位同事，為了給主管留下好印象，總是主動參與其他同事的專案，短短半個月，就走馬觀花地把組裡的專案都瞭解了一遍。然而，她不願意沉下心來研究專案的來龍去脈，同事提醒她，她也不聽，一心在主管面前出風頭、博眼球。

在專案例會上，無論主管問什麼，她都搶先回答。直到主管問：「此次專案的發佈時間，相較立案時的預期進度有推遲嗎？」她頓時語塞。這時，其他同事起身，詳細回答了專案推遲的時間、原因和相關舉措。後來，主管在辭退她時，語重心長地說：「記住，到新的公司後，與其不動腦子地做十件事，不如多花時間把一件事想透。」

思考的深度，決定認知的高度，影響執行力度和工作進度。那些認知上懵懵懂懂、行動上卻風風火火的人，很容易迷失方向，甚至南轅北轍。

深度思考能力，是重要的戰略競爭力。人生在世，如果想有所成就，千萬不要用戰術上的勤奮，來掩蓋戰略上的懶惰。

慢思考：把關定向，喜歡偷懶

如果你有邊散步邊思考的習慣，你會發現這樣一個有趣的現象：快步走時，很難集中精力想問題，遇到複雜問題時，你會不由自主地放慢腳步，甚至不得不停下來進行深度思考。

慢思考，由於需要佔用注意力資源，因而也十分難能可貴。它就好比人生的「守護神」，因為深思熟慮，所以不容易犯錯。股神巴菲特正是憑藉深度思考的洞察力，連續十多年位居全球富豪榜前五位。他選股票的方式與大部分投資人不同：大部分投資人只看公司報表上的盈利能力；而巴菲特除了看公司報表，還會分析這家公司的行業前景、企業制度和文化等，以此判定這家公司的發展潛力，評估其股票升值的機率。

在他看來，一家有潛力的公司，股票升值是大機率事件。正是這種見微知著、洞察先機的深度思考能力，讓巴菲特成為全球著名的投資家。

也許你會說，巴菲特離我們太遙遠了，普通人可望而不可及。其實，深度思考的秘訣就一個字：慢。在現實生活中，因為慢而獲得深度思考力的案例並不少見：那些說話慢條斯理的人，往往能說出別具一格的觀點；那些做作業反覆思索甚至看起來有點磨蹭的孩子，對題目的研究往往更透徹一些；那些在一件事上綿綿用力、久久為功的人，一般都是某一領域的專家學者、能工巧匠……

康納曼在書中感歎：「避免思考上懶惰的人，才可以被叫作『聰明人』。」他們更機警，思考更活躍，不會滿足於貌似正確的答案，對自己的直覺也常持懷疑態度。慢思考，可以避免直覺性錯誤；慢慢用力，循序漸進，有利於克服懶惰的天性。有時候看似慢，反而因為走對方向更快達成目標。

好的思考方式，是快慢結合

日本北海道大學進化生物研究小組曾經做過一個著名的「懶螞蟻效應實驗」。研究人員發現，有一部分螞蟻不做事，整天東張西望、遊手好閒的，專家稱之為「懶螞蟻」，並對牠們進行標記和觀察。

當研究人員斷絕蟻群的食物來源時，那些整天忙碌的螞蟻一籌莫展。這時候，「懶螞蟻」們大顯身手，帶領蟻群向牠們早已偵察好的新食物源轉移。原來，「懶螞蟻」並不懶，只是分工不同，牠們將主要精力花在偵察上了。

快思考好比勤奮工作的螞蟻，而慢思考好比負責偵察的「懶螞蟻」。在工作中，快思考與慢思考，更多地表現在分工的不同，並無絕對的優劣之分。好的思考方式，是快慢結合。快思考往往是與生俱來的，而慢思考卻可以後天習得。以下四個建議，助你加強深度思考的能力。

1. 常反思，提升認知

有句話是這麼說的：「一個人的成熟，不僅在於經歷過多少事，更在於經歷過後的沉澱和思考。不要只顧著埋頭向前衝，適時停一停，給自己一點反思的時間。從每一次的經歷中有所領悟、有所得到，你才能在未來的路上走得更遠、更穩健。」

反思，是對思考過程的思考，對認知過程的認知，又叫元認知。經常反思，鍛煉元認知能力，可以提升認知水準，減少直覺性錯誤。

2. 多冥想，保持正念

談到冥想，也許你會聯想到世外高人，覺得與我們普通人無關。其實不然。簡單地說，冥想就是修心。心靈的力量，和肌肉的力量一樣，是可以修煉的。怎麼冥想呢？首先，找到一個錨定點，這個錨定點可以是自己的一呼一吸，也可以是一個疑難問題。其次，把心思和精力都集中在這個點上。最後，一定要堅持下去，只有日積月累的鍛煉，才可以有效提升專注力。

多冥想，保持正念，一心只做一件事，有利於進入深度思考、獲得心流體驗。

3. 勤學習，資訊擴充

有的人把學習當成學生時代的事，一旦走出校門，就不再看書學習。這樣的人，思考容易固化，也更容易產生認知偏差。

在這個飛速發展的時代，唯一確定的是不確定性，唯一不變的是變化。只有終身學習的長期主義者，才能在資訊爆炸式增長中擁抱時代、擁抱變化，在不確定性中活出自己的確定性。

4. 懂變通，拓展次元

好的思考方式，一定是多次元的。史丹佛大學教授卡蘿・杜維克將思考模式分為三種：感性思考、邏輯思考、結構思考。

感性思考屬於點狀思考，沒有延伸思考；邏輯思考屬於線性思考，有延伸但過於單一；結構思考則是一種面狀思考，能夠全面挖掘各種可能，兼顧各方做出更好選擇。

若能在思考深度上下功夫，實現面的突破，就能擁有立體思考。由點到線，再到面，進而到立體，不斷進階，再加上時間維度。這個思考的進化過程將使我們的思考更加縝密，能夠在諸多選擇中找到更優解，規劃更加長遠的未來。

作家周嶺在《認知覺醒》中，分析了人們無法保持專注的腦科學原理：「分心走神的背後是逃避。」因為我們的認知共分為三個區域：舒適區、拉伸區和困難區。舒適區一般沒有太大挑戰和壓力，人處於這種狀態相對輕鬆，但長期待在這裡容易自滿，失去進取心；拉伸區需要人付出一定的努力，處在這個區會面臨一定的壓力，但有助於提升自身的能力，幫助你進步；而困難區指的是遠超出人現有能力所能觸達的狀態，會讓人背負極大的壓力，容易產生消極畏難情緒。

因此，思考和行動最有成效的方法是：偶爾跳出舒適區，適度避開困難區，經常處在拉伸區。面對困難時，身心分離的人總會不自覺地退回舒適區，而身心合一的人則更容易直面困難，讓自己處於拉伸區。

餘生，願你成為思考上的「勤快人」，勤學善思、知行合一。因上努力，果上隨緣，活出通達的人生境界。

我們都是慢慢長大的孩子，
不用著急，也不用慌張。

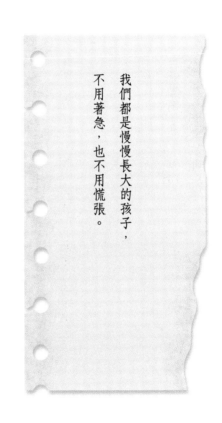

如何擺脫認知貧困？

——從《白鹿原》中獲得走出思考牢籠的啟發

《明史．鄒無標傳》中有句話：「偏生迷，迷生執，執而為我，不復知有人。」比無知更可怕的，是人性的偏見；比貧窮更可怕的，是人們的短視。一個人最大的貧困，往往是認知的缺失。讀完陳忠實的經典作品《白鹿原》，瞭解這個家族的起伏，或許能進一步感受到認知和眼界，對人生的影響有多大。

有人說：「每個人的心上都有一個《白鹿原》。」這部耗時六年，五十餘萬字的巨著，被作者陳忠實稱為「墊棺作枕」之作。

他在扉頁上寫道：「小說被認為是一個民族的祕史。」白鹿原上的黃土，托起的並不只有人們的鄉土情結，還有無數人性與道德的抉擇。一個家族的悲歡離合，也絕不僅僅是由一片土地的變革，一個時代的變遷來決定的。

命運是否改變，往往皆源自認知與思考的變化。一個人的眼界水準，決定了他的人生結局；一個家族的思考模式，引領了它的盛衰興廢。

眼界格局越狹窄，人生越悲觀

鹿子霖可謂是白鹿原上最精明的人，然而正是他的精明，使得他一生都處於被動之中。

白鹿原族長一職，從來都是由白家擔任。可是鹿子霖對權力異常執著，非要與白家爭出個高低。他利用鄉約的身份挑動族人鬧事，然後嫁禍給白嘉軒，安給他一個意欲造反的罪名。而後又教唆田小娥帶壞白嘉軒最看重的兒子白孝文，敗壞白家名聲。

鹿子霖為了自己的私欲，將全部身心都放在算計之上。連冷先生都說他：「官癮比煙癮還大。」但是故事的最後，被他陷害的白孝文當上縣長，而他自己卻被兒子牽連，進了牢房，落魄餘生。看著又一次得勢的白家，鹿子霖心中頗為不甘地喊著：「老天爺啊，鹿家還是弄不過白家。」

實際上，打敗他的並不是白家的任何人，而是他自己的眼界與格局。鹿子霖之所以鬥不過白嘉軒，是因為他的眼中只有白鹿原的一畝三分地，只顧陰謀算計，卻從不願打開自己的眼界與格局。

人與人命運最根本的差別，從不在地位權力的高低，而在於眼界和認知上的差異。認知水準越高，越能洞察事物本質，做出更明智的抉擇；眼界越低，越容易執著於比較，囿於自己的世界。

眼界格局，決定一個人的認知方式。若只看得見自己，活在自己認定的世界，便會因視野狹窄、資訊閉塞，最終被眼前利益所束縛，失去更多。人終其一生，都在為自己的認知買單。擴增自己的眼界，不僅僅是為了當下更好的處事方式，還為了更長遠的人生發展。

思考方式越單一，生命越淺薄

網路上有這麼一個問題：「貧窮帶給一個人最大的傷害是什麼？」有一個回答這麼說：「比起物質上的相對拮据，精神上的匱乏更讓人擔心。」精神上的匱乏，往往使思考方式變得單一，只比較結果往往會忽視為人處事的底線。

《白鹿原》一書中，黑娃的父親是白家的忠實長工，黑娃從小在白家長大，白嘉軒把黑娃當作自己的孩子看待。然而，寄人籬下的生活卻讓黑娃產生太過強烈的自尊，明顯的身份差距始終讓他不得自在。

他痛恨白鹿兩家的身份地位，痛恨父親和自己的渺小和卑微。他發誓一定要出人頭地，不願再像父親一樣終身為僕。於是，他開始外出闖蕩，等再次回到白鹿原時，他已成了呼風喚雨的土匪頭目。他開始大肆報復，哪怕是對他有恩的白嘉軒，也被他的手下打斷腰椎。黑娃一心想改變自己的命運，可是思想的貧瘠讓他只知道以權力解決問題，最終走上了歧路，落得一無所有。

思考方式影響著一個人的意識和行為方式，進而導致截然不同的人生。眼界低的人，通常想法很單一，看問題的視角也較為狹窄，為人處世間往往缺乏正確的判斷力。這樣的人容易固執己見、肆意而為，結果也只會將自己推進火坑。

想要讓生命變得厚重，先要豐富思想；想要改變現狀，便要認清自己的局限。

一個不滿足於當下的人，會想辦法驅動自己去探索思考，進而完善自己的認知。心量大小，決定著人生的財富；眼界高低，左右著生命的品質。

財富與成就，永遠會流向最匹配它的人。想要成為這種人，便要豐富自己的思想，提高自己的眼界，這樣才能認清現實，走好未來的路。

眼界越低下，生活越困頓

心理學上有個概念叫「管窺效應（tunneling）」。意思是，當一個人的眼睛只通過一根管子看東西時，那麼他只能看到管子裡面的東西，而管子以外的東西是看不見的。

某種事物的盛行，很容易造就心理上的管窺效應，從而讓人過分去追逐那件事物，而失去整體而長遠的判斷。

在《白鹿原》中，故事一開始，白嘉軒娶回第七房媳婦，同時他的老丈人還送了一批罌粟種子。那時白家為給白嘉軒娶親，家境衰敗，白嘉軒為了讓白家再次鼎盛，偷偷種起了鴉片。

三年下來，罌粟為他帶來了巨大的利益，白家迅速興旺發達起來，白嘉軒甚至翻修老屋，重修門樓。上行下效，村裡的人看見種鴉片如此掙錢，也開始種植。漸漸地，各種不良習性出現在白鹿原上，村民有了閒錢便開始賭博，甚至開始吸食鴉片。

白嘉軒深感悔恨，認為白鹿原的亂是他一手造成的，便下定決心要改變現狀。可是村民卻不願服從，覺得白嘉軒自私自利，白鹿原上的人心開始崩壞。白嘉軒也為此付出代價，他的兒子白孝文開始吸食鴉片，最後敗光所有家財。

很多時候，人們總會注重眼前利益，卻忘記了長遠的未來。這看似在一步步前行，到頭來不過是在原地打轉。一個人往往難以賺到超出其眼界範圍的錢，若靠運氣賺到，最後又會因實力不足而虧掉。長久而穩定的財富跟眼界相匹配，而不是依靠一兩次的機會獲得的。

想要擺脫命運的困境，就要突破眼界邊界，學會管理自己、精進自己，改變思考模式。向內求索，直面自己的認知偏差；向外借力，領略世界的無窮變化。一個人只有擁有了獨立判斷的能力，才能把控全域，突破眼界局限。

有人說：「人有兩次生命，一次是肉體出生，一次是認知覺醒。」人這一輩子，都在為自己買單，思想在哪個層次，生活就處在什麼狀態；眼界在哪個範圍，人生就在哪個高度。沒有錢，或許只貧窮一時，但沒有見識，往往會貧窮一世。

無論哪個時代，都沒有一勞永逸的事，想要走得更遠，爬得更高，想要提升眼界水準，打破思想的壁壘，只有不斷地歷事練心，豐富思想，拓寬視野，才能找到屬於自己的世界與三觀。

如此，才能在日新月異的時代中，抓住更多的機遇，改變命運，脫穎而出。

每天都在探索的路上，與錢財無關，
與他人無關，與自己息息相關。

第三章　為人篇

——人生自洽

原生家庭不幸福，該和解還是遠離？

——從《垃圾場長大的自學人生》中獲得解脫

許多人認為原生家庭是一個人的宿命，是一切問題的根源。但真的是這樣嗎？事實上，決定你能走多遠、能過什麼樣生活的，永遠只有你自己。正如《垃圾場長大的自學人生》的主角泰拉，她生於噩夢般的原生家庭，卻透過持之不懈的努力，完成了一場驚心動魄的自我救贖。

「你當像鳥飛往你的山」（簡中版本的書名）這句話出自《聖經．詩篇》，原句是「Flee as a bird to your mountain」。這句話有兩種闡釋，一種是「逃離」，一種是「尋找」。書中既是講主角泰拉逃離原生家庭的過程，也是講她歷盡千辛萬苦去尋找真正的自我的過程。

存在主義心理學認為，每個人的未來都是由他們當下做出的選擇決定的。不管原生家庭帶來的影響如何，都不該阻擋你塑造新的自我。而這正是《垃圾場長大的自學人生》帶給我們的啟發。

世上從來沒有完美的原生家庭

在美國愛達荷州的巴克峰，有一個信仰摩門教的家庭。這就是女主泰拉的原生家庭。

泰拉的父親認為「學校是政府的傀儡，而家庭教育則是上帝的宗旨」。母親一直尊崇「藥是一種特殊的毒，會在餘生慢慢腐蝕你」的觀點。於是，家裡的七個孩子都不去上學，生病、受傷從不就醫。

父親經營著一個垃圾回收廢鐵場，母親是草藥師兼產婆。泰拉從小就在父親的回收場幫忙工作，或者跟隨母親製作酊劑和精油。泰拉的整個童年都是與破銅爛鐵和各色草藥為伴。

暴力血腥也沒有缺席。患有躁鬱症的父親不顧她的安危，一次次將她推向回收場危險的軋鋼刀；哥哥翔恩則有嚴重的暴力傾向，常常對她拳打腳踢，還把她的頭壓進馬桶。更讓泰拉難受的是，知情的母親無視她所受的委屈而選擇沉默。父親的控制、哥哥翔恩的暴戾、母親的隱忍，讓泰拉童年生活在巨大的陰影裡。她一度認為自己未來會早早結婚生子，繼承母親的工作做一個產婆。

泰拉在書中寫道：「小時候，我等待思想成熟，等待經驗積累，等待抉擇堅定，等待成為一個成年人的樣子。只是隨著年齡的增長，我開始思考，我的起點是否就是我的終點——一個人初具的雛形是否就是他唯一真實的樣貌。」

隨著泰拉步入青春期，屬於自己內心的聲音漸漸甦醒。而哥哥泰勒是照進泰拉生命裡的一束光。泰勒通過自學考上了大學，憑借一己之力撬開了厚壁讓光透進黑暗之地，指引著泰拉走向教育之路。

「你想過離開嗎？」「外面有一個世界，假如父親不再向你灌輸他的觀點，世界看起來就會大不一樣。」泰勒的話讓泰拉對外面的世界產生了不可遏制的嚮往。於是，天賦極高的泰拉在地下室偷著自學，準備大學入學考試。經過幾個月的努力，她接獲一個奇蹟：拿到了楊百翰大學的入學通知書。

這個世界上，從來就沒有十全十美的原生家庭。大部分父母只是普通人而已，他們可能一輩子都無法走出自己的眼界局限，他們也有自己需要解決的心理問題。

原生家庭會影響人的成長，但一味反芻原生家庭，會讓我們很容易把自己的失敗與不幸歸結於他人。重塑自我的權利永遠在自己手中。

真正能拯救你的只有自己

每個家庭都會給孩子兩個禮物。第一個是常識，就是我們對這個世界最基本的認識；第二個是親情，是我們和這個世界連繫起來的最基本的關鍵。如果家庭不正常，這兩件禮物就會變成詛咒。

毫無疑問，泰拉得到的就是扭曲的常識與控制型的親情。當我們以為泰拉上了大學，終於能夠離開原生家庭，可以開始全新的生活時，大學最初帶給她的卻是顛覆和痛苦。

當十七歲的泰拉第一次走進真正的學校，她覺得自己跟周圍的一切格格不入，甚至認為自己是個怪胎。生活中的各種小事對她來說都是衝擊。她不知道上完廁所後要洗手這樣簡單的常識；她覺得那些穿著暴露的女同學不道德；她甚至吃個止痛藥片都要克服巨大的心理障礙。

漸漸地，泰拉開始發現，那些穿短褲的女孩子明明善良可愛，止痛藥也確實緩解了她的牙痛。無可辯駁的事實讓她明白，父母從小的教誨有很多都是錯誤的。

上大學之前，她真的相信父親所說的世界末日會來臨，一夫多妻制是上帝的旨意。但在接受教育的過程中，泰拉逐漸意識到原生家庭的荒謬與野蠻。

最初，泰拉就像一個失去平衡的人，是非、善惡、美醜，這些基本的價值判斷全亂了。無知令她渴望學習，貧窮讓她加倍努力。她大學畢業後拿到了全額獎學金，而後又赴哈佛大學訪學，最終成為劍橋大學的歷史學博士。泰拉在書裡說：「我這一生，這些直覺一直在教導我一個道理——只有依靠自己，勝算才更大。」

有些人始終沉溺於不健康的原生家庭中，哪怕一生痛苦也不願覺醒；而有些人會從痛苦中覺醒，以最大的勇氣去認知和重新定義自我。在思想和認知的發展中，每個人無論何時，都有自由選擇的權利。

西方哲學的斯多葛學派主張，人要學會區分身邊「可控」與「不可控」的事情。忽視那些不可控的，把握那些可控的部分。過往原生家庭對人的影響往往就是屬於不可控的，但如何來解讀這個影響並做出改變，卻是可控的。其中，起決定性作用的因素，是一個人的內心。

與自己和解才是人生最好的治癒

從哈佛大學到劍橋大學，從哲學碩士到歷史博士……泰拉在求學之路中一步一步重塑自己的人生，然而代價是被視為家庭的背叛者，父母與她決裂。在申請劍橋大學博士期間，父母曾來學校勸告她，說泰拉無恥地追求人類的知識，如果不回家就堅決不會和她見面。

針對童年所遭受的、來自哥哥翔恩的暴力，她曾試圖與父親對峙，卻被父親指責是她自己的臆想。她的母親曾答應會幫她作證，而後在強勢的父親面前，再次倒戈。同樣作為受害者的姐姐奧黛麗，面對父母的偏袒和翔恩的威脅，也決定與泰拉斷絕關係。

這讓泰拉一度患上心理疾病，在無數個夜晚頭痛不已，夢遊到牛津街中央大喊大叫。她被從前的自己和新的生活割裂成兩個人。一個是活在大山裡的乖乖女，被家庭緊緊捆綁，不捨離去；一個是活在知名學府裡的新青年，想要展翅高飛，追逐自我。

但泰拉最終意識到，自己與原生家庭無法共存。她能做的就是儘量依靠自己，與過去握手言和。

故事的最後，泰拉已不再為過去的事情耿耿於懷，也擺脫了遠離家庭的負罪感。她將自己從精神的奴役中解放出來，像鳥一樣飛往了她的大山。

王爾德說：「孩子最初愛他們的父母；等大一些他們評判父母；然後有些時候，他們原諒父母。」泰拉沒有原諒父母，她只是放過了自己。如果你經歷過原生家庭的傷害，不和解也是可以的。有時候，和解也是一種壓力。

問題本身並不是問題，而我們對問題的不接納、對抗，或執著於解決問題，才構成了真正的問題。我們要允許傷害的存在，同時也允許自己擁有選擇的自由。與自我和解，才是人生最大的治癒。

泰拉在歐普拉的訪談中說：「你可以愛一個人，但仍然選擇和他說再見；你可以每天都想念一個人，卻仍然慶幸他已不在你的生命中。」這是她對自己原生家庭最好的注解。真正的逃離未必是逃離原生家庭，而是被錯誤影響的舊我。

我們都曾是孩童，通過父母的指引去觀察這個世界。我們也都會成長，用自己的雙眼觀察萬事萬物。我們有各自的道路，哪怕是去往與過去方向相反的遠方。

當你決意向前，
過去便如同虛無縹緲的幽靈。

如何平衡愛情和自我？

——從《一位陌生女子的來信》中學會愛自己

比起遇見糟糕的愛情，我們更應該害怕的，是在愛情中失去自己。為什麼在感情中要學會愛自己？著名作家茨威格的《一位陌生女子的來信》，或許能為我們再度敲響警鐘。

「我愛你，與你無關。即使是夜晚無盡的思念，也只屬於我自己，不會帶到天明，也許它只能存在於黑暗之中。」這是德國女詩人卡森喀．策茨（Kathinka Zitz）寫的一首詩。詩中這種「孤苦一生只愛一人」的悲涼感情，在《一位陌生女子的來信》中體現得淋漓盡致。

這是一個陌生女人，在生命的最後時刻，用一生的癡情，為自己的心上人寫下的一封淒婉動情的長信。她表達了自己的愛慕，但也訴說了自己一生的悲哀。愛情本應該是兩相情願的歡喜，但她卻始終秉持著「我愛你，與你無關」的自我感動式執念。

在一段感情裡，愛自己才是前提條件。一個不懂得如何愛自己的人，往往也會失去擁有幸福的權利。

再愛一個人，也不能太卑微

有人說：「愛人愛三分就足矣，剩下的七分用來愛自己。」但在《一位陌生女子的來信》裡，女主角這一生都沒有做到。

她從小就生活在貧民窟裡，因為缺少父愛，而身邊又都是一群醜惡殘暴的人，所以她的心裡，一直都在渴望真正的愛。她的渴望，在十三歲那一年得到了滿足。那一年，有位作家搬到她家對面。作家長相帥氣，談吐優雅，待人和善，她一下子就被吸引了。年少雖然不知情滋味，但她的眼神開始默默跟隨著他。她會偷偷觀察作家的一舉一動，還會觸摸作家碰過的門把，少女心事一覽無遺。

但是，作家本就是一個放蕩不羈的人，他夜夜笙歌，帶不同的女人回家。她看在眼裡，雖然心生痛苦，但依然偷偷期待著。她懷揣著一顆真心，從不敢有所求，只希望作家能有那麼一刻注意到她，能發現這偌大的世界裡還有那麼一個渺小的存在。只可惜，那幾年裡，作家從未注意過她。

雖然兩人後來有些交集，但是對作家來說也不過是過眼雲煙罷了。即便最後，她在彌留之際滿懷深情地寫了一封信給作家，作家對她的印象仍舊一片模糊，根本想不起來她是眾多鶯鶯燕燕中的哪一位，著實可悲。

在一段感情裡，認真付出是沒錯的。但如果對方是錯的人，千萬別愛得太滿，不然只能換來一場災難。愛得太滿，就會把自己放得很低，可是低到塵埃裡的愛，永遠開不出花來。一段好的感情，從來都不是一個人的事。落花有意，流水也需有情，兩情相悅的愛才有必要堅持。

正如舒婷在《致橡樹》裡寫的那樣：「我們分擔寒潮、風雷、霹靂；我們共用霧靄、流嵐、虹霓。仿佛永遠分離，卻又終身相依。」這才是愛情更美好的形式。倘若遇到的只是一個不斷消耗你的人，即時止損，才是對自己最好的保護。

再愛一個人，也不能沒底線

回看女主角的一生，悲情是其最突出的底色。

父親去世後，母親帶著她改嫁到另外一個城市。好在繼父經濟條件不錯，對她也不薄，她逐漸感受到了家庭帶來的溫暖。本來她可以在這樣舒適的環境裡生活下去，可是她還是忍不住懷念在貧民窟的日子。與其說是懷念貧民窟，不如說是懷念十三歲遇到作家的那一年。

作家對於她，變成一種執念。終於，在十八歲後的某一天，她放棄優越的生活環境，不顧一切地跑到作家所在的城市。她寄宿在親戚家裡，白天靠在成衣廠工作養活自己，晚上就跑到作家居住的巷弄裡，默默守候。終於，作家注意到她了，她高興極了，卻沒想到作家風流成性，再次一走了之，音訊全無。

可是這時候，她已經懷上作家的孩子。但怯懦又卑微的她不願為難作家，決定偷偷生下孩子，獨自撫養。她受盡屈辱，可是當她提起這一切時，她依然無怨無悔，讓人哀其不幸，怒其不爭。在愛裡沒有原則和底線的人是可悲的，甘願被招之即來、揮之即去的人，早就親手斷送了自己幸福的可能。

法國女作家西蒙波娃在《越洋情書》中寫道：「我渴望見你一面，但我不會開口要求見你，這不是因為驕傲，因為只有你也想見我，那才有意義。」再愛一個人，也不可以拋掉自尊、失去底線，卑微到塵埃裡的愛情，不值得留戀。

再愛一個人，也要先學會愛自己

細想想，女主角其實有兩次改變自己命運的機會。只可惜，她都錯過了。

一次是母親改嫁後，那時候的她其實已經脫離原來的破敗環境，身邊也有不少優秀的男人追求。可是她一心只想著作家，明知道作家風流輕浮，卻還是癡迷於此，不肯回頭。

倘若她能夠放下內心的執念，接受新的生活，或許她會擁有一個光明的未來。但人生永遠沒有如果，失去的也不可能再回來。從她不肯跟那段「愛而不得」的經歷和解開始，她悲慘的一生就已經埋下伏筆。一個不知道愛自己的人，又如何得到別人的愛？

另一次是女主角遇到書裡的另一個男人——一個鰥夫。鰥夫對她和孩子非常疼愛，也提出可以一起生活，並照顧她的孩子，但女人拒絕了。她依然在等著作家回頭，以至於在一次舞會上和作家重逢後，她又不顧一切地投入作家的懷抱。

她以為作家會有轉變，卻沒想到依舊是噩夢一場。作家不尊重她，給她幾張鈔票，就要打發她走。女人被打回原形，孤苦無依。孩子生病，她沒錢醫治；自己生病，也無能為力。故事的最後，她就這樣淒慘地過完一生。

卡內基說：「人與人之間需要一種平衡，就像大自然需要平衡一樣。」世間萬物是如此，人和人之間的感情尤甚。失去平衡的關係不會長久，不懂得愛自己的人，也很難得到愛。

女主角的一生是悲慘的，但她卻用實際行動告訴我們無論在任何關係中，都不能喪失自我和尊嚴。愛情本應是錦上添花，而不是讓人低入塵埃的負累。

人和人之間想要保持長久舒適的關係，靠的是共性和吸引，而不是壓迫、捆綁、奉承和一味地付出以及道德式的自我感動。

如何判斷一段感情能否持久？

——從《傲慢與偏見》中洞察愛情與婚姻的真相

什麼才是真正的愛情？如何才能讓愛情永久保鮮？如何面對愛人那些我們無法接受的缺陷？一段好的感情背後到底藏著什麼？

英國著名作家珍．奧斯汀的《傲慢與偏見》是愛情小說中當之無愧的代表，而它所講述的幾對不同情侶間的愛情故事，也為我們當下的生活帶來不少啟迪。

毛姆列的「世界十佳小說」中，珍．奧斯汀的《傲慢與偏見》赫然位列第二。這部風格獨特的小說，看似寫戀愛，實則寫婚姻、寫生活、寫眾生百態。

兩百多年前的英國鄉鎮，小鄉紳班奈特家的五個女兒為了把自己嫁出去，在一個個社交場合中權衡利弊。黃金單身漢賓利、貴公子達西、軍官韋翰、表親柯林斯紛紛登場，與女孩們上演了一出出熱鬧的愛情喜劇。

兩百多年後的今天，關於婚姻與愛情，《傲慢與偏見》依然能給當下的我們很多啟示。

班奈特夫婦：男性角色缺失，會造成家庭關係失衡

班奈特夫妻這對組合很有意思，妻子庸俗、市儈，而丈夫卻幽默、智慧、紳士，給人不食人間煙火的感覺。初看之下讀者難免鄙視前者，越往後讀卻越覺得後者簡直「可惡」。

班奈特先生最初被太太美麗的外表吸引，婚後沒多久就因發現妻子的「庸俗」而痛失了對婚姻的希望，從此把自己關在書房不理俗事。家裡的日常瑣事，他不搭理；五個女兒的婚姻大事，他不籌劃；最小的兩個女兒舉止不得體，他不管教；妻子固執己見，他不規勸；最令人生氣的是，當班奈特太太為了五個女兒的終身幸福到處奔走時，他不但不幫忙，反而對妻子冷嘲熱諷。

班奈特太太的婚姻，不就是典型的「喪偶式婚姻」嗎？如此，班奈特太太的「俗」，也就能被解釋成是一種「世俗」。為了家庭的運轉、女兒的幸福，她才變得日益庸庸碌碌。有趣的是，當三個女兒出嫁以後，班奈特太太在後半生變成了一個「通情達理、和藹可親、見多識廣的女人」。可見，正是丈夫、父親角色的缺失，才讓她被迫扛起更多的重擔。

婚姻，是兩個人的攜手並肩，妻子和丈夫各司其職。「喪偶式婚姻」不僅會讓夫妻雙方精神狀態不佳、感到孤獨，還會給子女造成諸多負面影響。丈夫多關心家庭，妻子多一些放手和有效溝通，雙方共同努力，雙向奔赴，才能攜手走向幸福。

麗迪亞與韋翰：衝動結合，婚姻埋下隱患

班奈特家的小女兒麗迪亞熱衷於參加舞會，也正是在某次舞會上，她邂逅了

儀表堂堂的韋翰，兩人結成了書中最草率、最兒戲的婚姻——沒有長時間的接觸，沒有深入的瞭解，甚至沒有考慮後果，兩個人直接私奔了。

如果沒有兩方家長的奔走和達西先生的斡旋促成二人成婚，麗迪亞幾乎就要身敗名裂了。作為家中年齡最小的女兒，麗迪亞還遠沒有到該「恨嫁」的年齡，她的「閃婚」很大程度上源於她對婚姻莫名的焦慮。這其實也像極了當今社會一直強加到未婚男女身上的婚姻焦慮。

果然，麗迪亞與韋翰的衝動結合，在婚後不久就暴露出諸多問題：經濟上難以獨立，情感上激情褪去。在當時保守的時代背景下，兩人才勉強保全婚姻的體面與形式，如果放到現在，兩個人很可能就是以離婚收場。

戀愛或許可以是感性的選擇，但婚姻必須是理性權衡的結果。在婚姻問題上的慎重，才是對彼此、對愛情、對未來最大的珍視與尊重。

夏洛特與柯林斯：用心經營，才是長久的相處之道

班奈特家的遠房表親柯林斯向女主伊莉莎白求婚遭拒後，轉身和她的好友夏洛特成婚，荒誕的結合讓他們成為外人眼中最不受認可和期待的一對。

事實卻是兩人的婚姻被嚴重低估，夏洛特與柯林斯婚後和諧的相處模式可圈可點：

柯林斯尊重妻子，還會愛屋及烏地將妻子的娘家人奉為上賓；他們的生活富足且安逸，柯林斯有穩定的收入，夏洛特將居所佈置得十分得體；他們給彼此足夠的空間，柯林斯可以自由地在書房獨處，夏洛特則在起居室做自己的事；兩個人相敬如賓，從沒有過爭吵、指責和挖苦，永遠讚賞對方。

考慮到二人基礎的外在條件——夏洛特是一個沒有財產的「大齡剩女」，而柯林斯頂多算是矮小古板的「經濟適用男」，能把婚後的生活過得如此溫馨美好，不得不說二人確實在婚姻中有用心。

無論是古代的盲婚啞嫁，還是現代社會的自由戀愛，幸福婚姻的秘訣往往不

是乍見之歡，而是久處不厭。舉案齊眉、相敬如賓的相處模式雖然聽上去有些古板，卻也暗藏著婚姻最堅實的基礎——互相尊重，同舟共濟。

珍與賓利：
基礎再好的感情，也要表達愛

班奈特家美麗溫柔的大女兒珍，和年輕富有的新鄰居賓利先生在舞會上一見鍾情。所有人都認為他們是天造地設的一對。然而這對金童玉女，也遭遇過意想不到的危機。達西作為賓利的好友，認為兩人不甚般配，於是他僅用一個理由就輕易說服賓利不辭而別。他的理由是，珍看上去好像沒有那麼愛你。

賓利被說服當然有他自身優柔寡斷的因素在，但是他為什麼那麼容易就相信了呢？因為珍含蓄內斂，似乎真的沒有對他表現出過逾矩的愛慕。從古至今，含蓄內斂都算是一個美好的品質。但過於含蓄不適用於愛情，過於內斂不適用於婚姻，因為基礎再好的婚姻，也要表達愛。

我們總說，結婚過日子就要踏實，不需要再延續戀愛時那一套。殊不知，婚姻從浪漫走向凡俗，也往往是從不再說那些甜言蜜語開始的。所以，夫妻雙方不但要講愛，還要持續地、有技巧地輸出愛，在日常的生活中要有儀式感，要懂得欣賞和感恩。永遠把配偶當戀人，用過日子的心態加固物質基礎，用談戀愛的心態構造上層建築，該有多幸福！

伊莉莎白與達西：情緒價值，影響著感情的幸福指數

賓利的好朋友達西，因為傲慢而給伊莉莎白留下了非常差的第一印象，從此二人開啟了互懟互愛的日常。這對歡喜冤家的故事，無疑是五對裡最有看頭，也最富喜劇性的。

被「霸道總裁」達西選中的伊莉莎白，有什麼過人之處嗎？論外表，小鎮最美的姑娘是珍，伊莉莎白並沒有美到讓達西一見鍾情的程度；論智慧，夏洛特也

聰明，她還比伊莉莎白家世更好；論才華，妹妹瑪麗才是家中書讀得最多、琴彈得最好的那個；論家世，達西的表妹遠勝伊莉莎白一大截……伊莉莎白的特別之處，在於率真直爽，而且幽默風趣又見解獨到。對達西來說，這便是伊麗莎白最特別、最動人的地方，畢竟好看的皮囊千篇一律，有趣的靈魂萬裡挑一。

此外，最重要的一點是，伊莉莎白與達西在相處過程中，逐漸放下自身的傲慢和對彼此的偏見，開始達成了一種雙向奔赴的「共情」狀態。正是這種持續輸出且穩定的情緒價值，讓雙方的關係更加牢靠。

加德納夫婦：俗世感情的理想範本

若論書中最「接地氣」的理想婚姻，還得看伊莉莎白的舅舅、舅媽——加德納夫婦。

兩人無論是人情往來、教育子女，還是親戚互助，都是共同參與的，沒有角色缺位；他們用心把家庭經營得溫馨富足，生活充滿儀式感，每年都會抽出一段時間攜手度假；他們還會為對方提供情緒價值，丈夫利用假期陪伴妻子重遊故鄉，妻子在丈夫奔波勞碌時第一時間趕去相伴……可以說，這對夫婦讓我們看到了普通夫妻認真經營婚姻的美好樣子。

世界上有多少種人，就有多少種婚姻。我們可能和錯的人結婚，也可能將婚姻變成愛情的墳墓。如何經營婚姻和保存愛情，是人世間永恆的主題。

婚姻是珍貴的，它需要雙方深思熟慮、再三權衡，鄭重締結永恆的契約；婚姻是漫長的，它需要雙方風雨同舟、攜手並肩，一起奔赴幸福的終點；婚姻是平淡的，它需要雙方為彼此的生活製造儀式驚喜，為單調生活增加浪漫。

愛是生命的禮物，
不是救命的稻草。

我們該如何有效溝通？

——從《非暴力溝通》中獲取溝通的祕訣

網路上曾有一個熱門話題：為何愛我們的人，說話卻往往傷我們最深？生活中，你是不是總是對外人客客氣氣，對家人卻說話毫不在意？因為太過親近，我們總是下意識忽略對方的感受和需要，甚至說出傷害親近之人的語言。如果你也時常如此，相信這本《非暴力溝通》會幫你掌握更好的表達方式。

從出生到死亡，溝通貫穿我們的一生。無論是在工作中還是生活中，好的溝通都無疑會讓我們的生活更加輕鬆愉快，而惡語傷人則常常帶來糟糕的結果。

著名非暴力溝通專家馬歇爾．盧森堡博士，在《非暴力溝通》一書中，為我們介紹了一種新的溝通方式。這種方式被稱為「愛的語言」，它能　明我們正確地表達情緒，減少親密關係的阻礙，獲得和諧幸福的婚姻。

正確表達情緒，化解爭吵

一位主持人分享過自己的一段經歷。有一次，她和丈夫因為小事爭吵，由於擔心自己吵輸，於是挑丈夫的痛處回擊：「你憑哪一點能配得上我？你知不知道你離過婚，是二手貨，你根本就配不上我！」聽完這些，丈夫瞬間沉默了，然後收拾好行李準備離開，出門前回頭說道：「你知道嗎，有些話是不能說出口的。」

從那之後，她開始反省：語言是傷人的利器，也是一種暴力，而自己有可能就是一個家暴者。即使和好了，也會讓對方心裡留下疤痕。

拿破崙曾說：「能控制好情緒的人，比拿下一座城池的將軍更偉大。」

當老公氣憤地對你說：「我從沒見過像你這麼自私的人！」你腦子想到的是什麼？

你可能會反駁，「我沒有，你才是自私的人！」也可能會自責，「嗯，我確實沒考慮到你的感受，真是自私！」

這是兩種最常見的反應，幾乎人人都說過類似的話。然而在親密關係中，這兩種應對方式都不是最理想的。駁斥對方往往會進一步加劇怒火，將爭吵升級；

而自責會導致我們內疚、慚愧，甚至厭惡自己。

其實我們還有兩種選擇：一是體會自己的感受和需要，二是體會他人的感受和需要。例如：「聽到你這樣說，我感到傷心，因為我看重信任和接納，我希望你能夠理解我做的事情。」「你看起來有些難過，你是不是希望我能夠多體貼和支持你？」瞭解自己的需要、願望、期待以及想法，我們就不再指責他人，而是承認我們的感受來源於自身。

所以，在爭吵中，我們可以借助一個句式來表達我們的情緒：「我（感到）……因為我……」這種表達方式能　明我們認識感受與自身的關係。例如：「你沒把飯吃完，媽媽會感到失望，因為媽媽希望你能有一個健康的身體。」「老闆說話不算數，我很生氣，因為我想要有個長假陪孩子去動物園。」「甲方取消了合約，我很不高興，因為我認為這是極不負責任的行為。」

暴力的語言是一把雙面刃，在刺向對方的同時，也對自己造成了傷害。雖然爭吵不可避免，但我們可以在爭吵中有意識地覺察自己的情緒，思考情緒背後的需求，用恰當的語言來表達感受，化解爭吵。

不過，知道表達情緒的正確方式還不夠，我們還要知道如何說對方才願意做，因為只有切切實實的行動才能幫助我們解決問題，讓生活更加舒心。

用非暴力溝通，獲得積極回應

對於大部分人來說，我們常常會用錯誤的方式來表達自己的需要。例如：「你就不能把地拖一下嗎？」「你怎麼總是這麼晚才回來？」「我希望你好好關心我！」因為這些話中藏著「批評」「指責」「評判」，忽視了彼此的感受和需要，將衝突歸咎於對方，自然也就沒辦法獲得積極的回應。看似都表達了需要，但卻得不到想要的結果。這也就意味著，我們需要換一種溝通方式，在不傷害關係的前提下，獲得對方更加積極的回應。

盧森堡博士說：「一旦人們認為我們是在強迫他們，他們就會不太想滿足我們的願望。沒有人喜歡被強迫，如果我們希望對方滿足我們的願望，就需要避免出現這樣的狀況，在表述中做到非暴力溝通。」

非暴力溝通，簡單地說就是四個步驟：

第一步，觀察，留意發生的事情，清楚地表達觀察結果；

第二步，表達感受，例如受傷、害怕、喜悅、開心、氣憤等，越具體越好；

第三步，說出哪些原因導致那樣的感受；

第四步，為了解決問題或改善現狀，提出具體的請求，越明確越好。

這四個步驟，可以幫我們更加誠實、清晰地表達自己，通過請求而非命令來表達願望，獲得對方積極的回應。

朋友結婚第一年，常常因為一些小事跟老公嘔氣，弄得兩個人很不愉快。有一次老公請堂兄弟來家裡吃飯，想到要收拾廚房，她心情就很煩躁，於是不耐煩地對老公說：「我不想做飯也不想吃飯，你請的人你自己招待吧。」

老公覺得她不近人情，她覺得老公不夠體貼，婚姻關係變得很緊張。過了一段時間，他們在一個雙方心情都不錯的晚上，試著用非暴力溝通的方法深入探討這件事。

朋友說：「你發現了嗎？每次家裡來客人，我不僅要提前收拾家裡，準備食物，飯後還需要洗碗、打掃廚房，我的休假因此增加了很多工作量，讓我疲憊不堪，我希望能有多一些休息時間。能不能改成每個月有兩個週末是只有我們兩個人的呢？」老公聽後，很愉快地答應了，之後他們再也沒有為這件事吵過。

任何關係的經營都需要智慧，那些不經思考說出來的話往往得不到對方積極的回應。我們需要清楚地表明自己的期待，只有將想要的回應講得越清楚，才越有可能得到理想的回應。

英國詩人查普曼說：「愛神是萬物的第二個太陽，它照到哪裡，哪裡就會春意盎然。」當我們學會了用正確的方式來表達情緒，用恰當的語言來提出請求，對方感受到的將不再是抱怨和指責，友善的溝通會讓我們的生活變得更加舒心。但需要注意的是，任何時候都別忽略自己，在與自己對話時，同樣需要用愛的語言來交流。

學會和自己對話，悅納自我

王爾德說：「愛自己是終身浪漫的開始。」愛自己，也是我們一生的課題。

很多人都明白這個道理，但在實際生活中卻難以做到，常常用一些暴力語言來打擊自己，如「應該」「不得不」等。

當我們在說「我應該」「我不得不」時，會讓我們感到無奈和沮喪，因為「應該」意味著我們在無形中限制了自己的選擇。

電影《無問西東》裡有一對夫妻：劉淑芬和許伯常。劉淑芬用平時省吃儉用攢下的錢，供許伯常讀大學。她本以為自己的付出，會讓丈夫心存感恩，結婚後對自己好一點。但事與願違，許伯常與她漸行漸遠。即使住在同一個屋簷下，也把她當作一個透明人，根本不和她溝通。甚至連劉淑芬用過的碗筷、水杯、水瓶，也要避而遠之。

長時間的沉默，讓劉淑芬越來越壓抑，可是無論她怎麼吵鬧，許伯常都無動於衷。劉淑芬萬念俱灰，跳入冰冷的水井中自盡而亡。她悲愴地說：「你讓我覺得，我是這世上最糟糕的人。」

盧森堡博士說：「我們行為的動機反映了我們是否愛惜自己。出於對生命純潔的愛，而不是出於恐懼、內疚、羞愧、職責或義務來選擇生活，是愛惜自己的重要體現。」如果劉淑芬能夠思考自己的需求，或是意識到許伯常並非良人，不將期待放在對方身上，也許就能避免悲劇發生。

林清玄曾說：「人生不如意之事十有八九。常想一二，不思八九，事事如意。」面對生活中的不如意之事，你是否有過這樣的抱怨：「我不得不加班！」「我不得不輔導孩子做作業！」「我不得不讓著婆婆！」當我們說「不得不」時，在主觀意識上會產生一種無力感，意味著將責任推了出去。若是換成「我選擇」，便是將責任扛了起來。

「我選擇加班，是因為我想要在工作中獲得更多的成就感。」

「我選擇輔導孩子做作業，是因為我想要孩子獲得更好的成績。」

「在和婆婆出現分歧時，我選擇忍讓，是因為我想要和睦的家庭關係，我想擁有更大的包容心。」

當我們用「選擇做」代替「不得不」時，我們就能與自己對話，專注於尚未滿足的需求，培育對自己的愛。在愛的主導下，我們的生活也將變得和諧並充滿快樂。

英國散文家赫茲利特說：「談話的藝術是聽和被聽的藝術。」我們需要與人溝通，需要關係的滋養，而這一切離不開語言。《非暴力溝通》與其說是一本講溝通技巧的書，倒不如說是一本人生指南。它幫助我們認識自己的情緒，挖掘自己的需求，用愛和理解去傾聽他人，如此可以增進我們與他人的關係。這種溝通方式不僅適用於婚姻關係，職場關係、親子關係、婆媳關係同樣適用。有效的溝通，離不開好好說話。

我們要的是一起解決問題，
而不是去解決彼此。

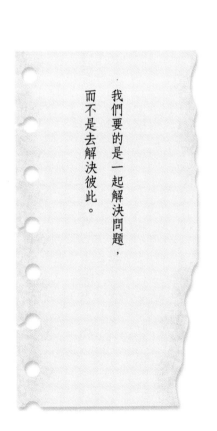

我們該如何對待親密關係？

——從《親密關係》中看透關係的本質

在當下網路以及影視中諸多浪漫主義愛情觀的引導下，很多人對「理想伴侶」存在一些錯覺。其實，沒有天造地設的伴侶和永遠甜蜜的感情，任何親密關係，都離不開用心呵護與經營。關於如何經營親密關係，在這本暢銷多年的《親密關係》一書裡，心理學家克里斯多福．孟給出了答案。

網路上曾經有個熱搜話題：怎樣看待離婚率越來越高這一個社會現象？有個許多人都贊同的回答是：不是婚姻有錯，是我們索求的太多。

高品質的婚姻，不是以愛為名相互索取，而是彼此扶持。在《親密關係》一書中，作者克里斯多福．孟讓我們嘗試著先放下對理想伴侶的幻想，從心理層面改變：「親密關係中的所有事都不能讓你滿足，所以在你責怪伴侶或挑剔親密關係之前，有必要先檢查一下自己的內心。」

理想伴侶，只是你的幻想

作者克里斯多福．孟是加拿大人，他的太太是臺灣人。最初，語言的不同，讓他們連最基礎的溝通都很困難，但這並未阻礙他們相愛和走進婚姻的殿堂。

然而，婚後不到六年，克里斯多福就覺得妻子與婚前判若兩人。那時，他在世界各地開心理工作坊，遊刃有餘地為人們解開心理問題，可是他卻害怕回家面對妻子。

每次他結束工作回到家，興致勃勃地跟妻子分享那些有趣經歷時，妻子毫無興趣，反而打斷他：「你記得買牛奶回來了嗎？」這話讓克里斯多福的好心情跌進谷底，但想到答應妻子的事情沒做，只能回答：「啊！我忘記了……」聽到這個回答，妻子也很不開心，對他說：「為什麼我就叮囑你做這麼一件事情，你都做不到呢？」

可是克里斯多福不覺得自己做錯了什麼，反而認為妻子不該為小事埋怨自己，就爭論道：「你不是叮囑我一件事，而是很多事……」一來一回，爭吵越演越烈。妻子被氣得不想跟克里斯多福說話，家裡的氣氛也變得壓抑。克里斯多福也不知道如何跟妻子緩解關係，同時心裡也很委屈，覺得自己好不容易回家一次，妻子應該對他關懷備至，而不是指責、冷落。

時間久了，他開始覺得妻子不善解人意，也不懂他工作的辛苦，甚至質疑當初跟她結婚的決定是否正確。直到有一次他喝醉酒，跟朋友哭訴：「她跟我想像的相差太遠。我的伴侶，應該是迎接我、崇拜我，知道我下一步要做些什麼，無論我做錯了什麼，也會始終原諒我的人。」

然而，朋友卻毫不客氣地告訴他：「你這根本不是想結婚，是想找條狗啊……」這句話讓克里斯多福意識到，一段關係裡，人們之所以總是失望，大都是因為內在需求沒有得到對方的積極回應。

當克里斯多福不再以自身想法為標準去衡量和要求妻子，改變溝通方式後，夫妻感情迅速回溫。他在《親密關係》中寫道：「人們戀愛的真正原因，往往不是他們自己所想的那回事。開始和維持一段親密關係背後的真正動機，其實在於需求。」

有一位網友小岩，為了找到理想伴侶，她列了一份高達八十多項要求的清單。最終，在一次旅行中，她找到自以為符合標準的男生。然而人生不是劇本，每個人都是獨立個體，沒有人可以完全依你的意願生活。相處不到半年時間，小岩就認為對方跟噁男毫無區別，對這段感情失望透頂。

兩個人最初在一起時，會不自覺地隱藏自身缺點，以此贏得對方青睞。當我們在對方身上看到自我心儀的一面時，就會誤以為對方是符合自己標準的那個人。這種情況下，你以為的理想伴侶，其實只是相戀時，你心裡為對方加的濾鏡。

然而這種濾鏡，卻無法通過現實的考驗和時間的磨煉，到最後，你以為的良人已變，其實是你被困在自己的錯覺裡，徒生怨念。

和誰結婚，都是和自己過

約翰和瑪莉是一對情侶，兩人最初生活在一起時相處得還不錯。後來，瑪莉總把洗手間弄亂並且忘記收拾，這讓約翰非常不滿。起初，約翰還能用幽默的語氣提醒瑪莉收拾，可是瑪莉下次依然如故，這讓約翰十分抓狂。

一次，約翰再次發現洗手間亂成一團，終於忍無可忍，對著正做早餐的瑪莉發難：「到底要說多少次，你才會收拾洗手間！」

瑪莉慌忙道歉，可是約翰卻不依不饒：「你把浴室弄成了有障礙物的跑道！」瑪莉也瞬間惱了，反擊道：「哪有這麼誇張！你不要老是讓我依照你的想法去做！」最終，他們不再隱忍，爆發了相識以來最激烈的爭吵。

幸好，他們遇到了克里斯多福。克里斯多福在和他們溝通時發現：瑪莉家教嚴格，兒時衣服不收好，母親會罰她跪；牙膏沒蓋好，父親會罵她幾天；玩具沒放好，所有玩具全會被丟進垃圾桶。在瑪莉心中，一直認為自己是家裡的累贅。

約翰是家中最小的，童年時，他的生日沒人記得；度假時，他的意見家人直接忽視。在他記憶裡，無論怎麼吵鬧，家人總覺得他煩，不予理睬，約翰覺得自己在家裡是個隱形人。

表面上，他們是因洗手間問題而指責對方，實則是對方言行像極了兒時的父母，讓自己再次感受到熟悉的挫敗感，便試圖用爭吵掩蓋內心不願觸碰的痛。

克里斯多福說：「親密關係中最大的問題，便是我們面對痛苦的態度。試圖用吵架來避免面對痛苦，雖然這樣很快能獲得平靜，但痛苦仍然存在，有機會的話還會再次浮現，而且這樣也會把伴侶拒於千里之外，導致彼此之間越來越不信任對方。」

唯有直視那些讓自己心生恐懼的痛苦，才能避免與不必要的痛苦糾纏。一位網友表示，從前他要求妻子跟自己一樣追求精緻，看到妻子出門不化妝就覺得難受，還會指責對方儀態差。直到被提離婚，他才意識到對方早已不堪忍受。為了挽留妻子，他在發現妻子沐浴球壞了時，不再埋怨她不講究，而是直接扔掉，並在逛超市時順手買了新的。這小小的舉動，讓妻子高興了好幾天，他自己的心情也跟著愉悅起來。

不以自己的需求去要求伴侶，是夫妻關係變好的開始。兩個人成長過程不同，接受的教育不同，在一起生活，想法難免會有衝突的時候。婚姻並不是一場比賽，無須事事爭個對錯輸贏；而是在產生矛盾時，我們要懂得同理對方，學會站在對方的角度思考問題，並即時表達內心感受，不讓對方來猜自己需要什麼。

其實，和誰結婚，都是和自己過。只有正視並安撫自己內心的需求、問題或情緒，才能不輕易傷及對方，從而獲得更健康穩定的親密關係。

找回自我，是《親密關係》裡的必修課

再好的婚姻，也需要結兩次，一次是幻想，一次是現實。無論是過去、現在、未來，我們很難不與親近的人發生矛盾。心中想像的伴侶破滅後，懂得及時修復感情，才能避免走入現實婚姻破裂的結果。

在《親密關係》這本書中，克里斯多福指出了與人建立親密關係時，非常重要的四個階段。

• 第一階段：月暈

在生活中，我們不難發現，很多人在與愛人發生矛盾時，會脫口說出：「如果你真的愛我，你就會為我做……」這便是處於月暈階段。

處於這個階段的人，會根據伴侶的某些特質，在心中描繪夢想情人的模樣，

並把自我需求加之其身。與伴侶相處時，會用想像中的標準去思考，以此來找到想要的歸屬感，並不斷確定自身的重要性。當對方不符合心中所想時，便會下意識地試圖將對方改造成自己想要的理想樣子。

克里斯多福說，這個階段，一定要明白：我們真正需要的，除了自己，沒有任何人能給。當你學會放手，學會接納，不把自我需求強加在伴侶身上，有底線地看待對方缺點時，就會不再需要通過他人的言行，讓自己變得完整。

• 第二階段：幻滅

當對方總無法滿足你的需求，讓你產生失望、痛苦等負面情緒時，就意味著你進入自我想像開始幻滅的階段。有些人發現對方無法彌補自己曾經的缺失，但卻不願意去直面內心最深處的痛，就會在對方言行觸碰到自己內心的痛處時，用爭對錯的方式來逃避，證明自己沒有問題。

然而，針鋒相對只會讓彼此的心越離越遠，這也是很多人最後一拍兩散的根本原因。克里斯多福認為，真正有效的方式，是讓彼此的傷痛都浮上檯面，然後用健康的方式來處理它。

・第三階段：內省

走到內省階段，就要恭喜你了，這一階段相當於在經歷幻滅階段後，自我所產生的正向選擇。內省是遇到衝突時，檢視自我想法和感覺的過程。通過內省，你會懂得如何與內在自我和平相處，用愛來面對它們。

例如，約翰和瑪莉爭吵後，兩人聽從克里斯多福的建議，回顧過往經歷，找出在與對方產生衝突時，自身最害怕面對的是什麼。然後，他們坦誠傾訴對方的行為帶給自己的感受，同時也正視自身行為給對方帶來的痛苦，從而真正修復了問題。

・第四階段：啟示

經歷以上三階段後，你會懂得，真正的愛，需要雙方不斷探索。再遇到類似矛盾時，便能積極對待，第一時間與伴侶尋找問題癥結，用對的方式溝通。

克里斯多福說：「尋找真摯永恆的親密關係，其實就是尋找自我。」一開始一段親密關係，就等於走上了找尋自我的過程。你對自我瞭解得越深刻，也就越容易在這段感情中獲得想要的幸福感。

其實在親密關係中，我們在意的每一件事，通常是內心過往缺失的投射，渴望親近之人為我們補上這份缺失。真正的愛，不是理所當然要求對方，是看清婚姻真相後能找回自我，是在面對生活的雞毛蒜皮之事時，依然有攜手共度餘生的勇氣。

> 真正的親密不是我可以擁抱你，
> 而是我可以擁抱你的脆弱。

如何面對漸行漸遠的朋友？

——從《漫長的告別》中讀懂成年人的友誼真相

愛因斯坦曾說：「世間最美好的東西，莫過於有幾個頭腦和心地都很正直、嚴正的朋友。」但美好的東西往往是不易獲得的。在少不更事的年紀，我們以為友情會長長久久。但美國作家錢德勒的名作《漫長的告別》，則給我們上了一堂專屬於成年人的友情課。

一九五三年，美國作家瑞蒙・錢德勒因為愛妻病重，陷入巨大的痛苦中。在死神慢慢逼近中，錢德勒寫下了這本《漫長的告別》，作為與妻子的永別之禮。

這本書講述了一個緊張刺激又哀婉動人的故事，雖然包裹著凶殺案的血腥外衣，內核卻指向了成年人之間無奈又決絕的分別。有些人，相遇時引為知己，再見時恍如隔世；有些情，相愛時熾烈如火，相別後廝殺如敵。聚散無常，緣起緣滅，本是人生常態。

但總有人拿得起卻放不下，想重來卻無能為力，只能任由歲月沖刷，讓感情消逝於無形。

再好的關係，也難敵現實的磨蝕

故事開始於一場俱樂部外的邂逅。一天晚上，私家偵探馬羅偶遇了酒鬼泰瑞。喝得大醉的泰瑞當時被開車的女伴丟在路邊，而馬羅怕他凍死在那裡，就將他接回到自己家中。

泰瑞酒醒後，和馬羅一番交談下來，他們才發現，彼此都是被這個世界遺棄的可憐鬼。馬羅，一個四十多歲的獨居老男人，雙親過世，沒有兄弟姐妹，因為做偵探得罪了不少人，生活裡一個朋友也沒有；泰瑞，雖然是大富翁哈蘭波特的女婿，卻不過是豪門千金縱情酒色的遮羞布，他從未被哈蘭一家當人看，內心自卑且孤獨。

他們一個說著「我就是死了也沒人發現」，一個說著「我不過是有錢人養的一條狗」。同樣孤苦的心境，讓馬羅與泰瑞惺惺相惜，成為知心好友。從這天起，他們每天傍晚都會去小酒吧，點一杯「螺絲起子」，暢聊心事，互相安慰。

但好景不長，意外猝不及防地發生了。一天晚上，泰瑞狼狽地來到馬羅家，神色慌亂地請求馬羅立刻送他去機場。他渾身血污，手裡還緊緊攥著一把槍，馬羅有無數問題要問，但還是選擇相信自己的朋友。

泰瑞在臨走前，十分猶豫，他說：「員警馬上就會來，我給你時間想清楚，我不想連累你。」但馬羅還是決定送泰瑞走。臨別之際，他們什麼都沒有說，當飛機從頭上飛過，馬羅知道，他失去這輩子最好的朋友。

命運就是這樣殘酷，再好的關係，也敵不過現實的磨蝕。馬羅無權無勢，自己還在生死線上掙扎，沒有能力替朋友出頭；而泰瑞雖家財萬貫，卻處處受困，任人擺佈。因此，他們對眼下的處境都無能為力，除了分別，別無選擇。

人生像是一輛疾馳的列車，每個人都有自己不同的軌道，相遇是幸運，錯過是正常。很多時候，兩個人漸行漸遠，並非感情淡了，而是困於現實。或許有不得已的苦衷，或許是被外界掣肘，我們能不忘初心，雖然命運不見得願意成全。

再深的感情，也難逃歲月的侵蝕

泰瑞走後的第二天，他的妻子西爾維婭被殺的消息便轟動了全城。一切證據都指向泰瑞，而與他交往甚密的馬羅，也很快以「事後幫助犯」的罪名被捕入獄。然而，令人沒想到的是，在承受了不少折磨後，馬羅被無罪釋放了。原因是警方已經確認，泰瑞在墨西哥畏罪自殺。

面對這個消息，馬羅一邊承受著失去摯友的巨大悲慟，一邊在重獲自由後感到恍恍惚惚。但在他還沒搞清狀況時，又掉進了另一張陰謀的巨網。

泰瑞死亡的消息傳開後不久，一位名叫愛琳的神秘女人找到馬羅，請他去找失蹤的丈夫，她的丈夫就是大名鼎鼎的暢銷書作家羅傑。

尋找羅傑的過程中，馬羅發現，這對夫妻竟然和泰瑞夫婦之間還有著複雜的四角關係。泰瑞是愛琳的初戀男友，後來是西爾維婭的丈夫。而愛琳如今的丈夫羅傑，又成了西爾維婭的情夫。

看著泰瑞和羅傑都周旋在西爾維婭身邊，愛琳發瘋一樣地嫉妒著。於是她設計了殘忍的「連環殺人局」，想要報復所有人。

人性的複雜程度有時會超乎想像，尤其是陷於感情中時。聽過這樣一句話：在這個世界上，感情是最經不起考驗的東西。堅固時，如鋼打鐵鑄；脆弱時，又一碰就碎。用情感和人性對賭，無論再深的感情，置於歲月的洪流中，都有隨時傾覆的危險。

人生，是一場漫長的告別

泰瑞離開後，曾經寄給馬羅一張五千美元的鈔票，希望他能安度餘生。後來，馬羅時常盯著這張鈔票發呆，日子再窘迫都沒捨得花，畢竟這是泰瑞留給他的唯一紀念。

隨著對案件的深入調查，他發現泰瑞根本不是他以為的那個樣子，而是一個身份複雜、極具城府又不擇手段的人。整個案件甚至都是他在暗中操縱。他借妻子的死，捲走巨額財富，假造「畏罪自殺」蒙混過關，後來又做整型手術，改頭換面成為墨西哥上流社會的大富翁。他徹底擺脫了哈蘭家，甩掉礙手礙腳的愛琳，過著夢寐以求的生活。但他的心裡也紮著一根刺，就是利用和欺騙了馬羅。

終於，在一個陰雨綿綿的傍晚，他鼓起勇氣約馬羅去酒吧，二人再次喝起了「螺絲起子」，可是對這二人而言，這酒已不是從前的味道。馬羅平靜地盯著面目全非的泰瑞，他本想說：「我為了救你，差點喪命，你這個混蛋！」但話到嘴邊，卻覺得說什麼都沒有意義。

「我們曾經是很好的朋友。」泰瑞悶悶地說，之後，倆人又陷入死寂一般的沉默。最後，馬羅說：「泰瑞早就死了。別了，朋友，我不會和你說再見，當年送你去機場的時候我就說過了。」馬羅起身告別，臨走前，把那張五千美元的鈔票，輕飄飄地丟在桌子上。

和一個人告別，說聲「再見」很容易，難的是從心裡放下這個人，捨棄這段情誼。人生好似一場追逐賽，起跑的時候，我們同行者眾。但是跑著跑著，你會發現，身邊的人越來越少，最後只剩自己奔跑於孤獨中。

成年人的告別，往往都是悄無聲息的。有些告別並非發生在一瞬間，而是並肩同行了很長一段路，在逐漸看清真相後才慢慢完成的。

「說一聲再見，就是死去一點點。」村上春樹曾被錢德勒的這句話深深觸動，他將小說《漫長的告別》反反覆覆看了十幾遍。經歷過聚散離合的人，或許能更深切地懂得，錢德勒真正想講述的是生離死別中的廝殺與悲痛。恰如學者止庵所言：「四十歲以後的人，才能喜歡上錢德勒。」我們一生會遇到很多人，有的擦肩而過，有的一見如故，但最終都會走向離別。畢竟，選擇不同的人，會走向不同的遠方；不是一個世界的人，也終究無法長久陪伴。

人生是一場漫長的告別，願我們不得不說「再見」的時候，不留戀、不糾纏、不強求。

與君同舟渡，
達岸各自歸。

為什麼要和不同觀念的人做朋友？

——從《柳林風聲》中開拓成長的邊界

我們經常會聽到這樣的聲音：「三觀不同，不必強融」、「認知不同，不必爭辯」……但如果人總待在「同溫層」的圈子裡，聽相同的聲音，接受類似的觀念，久而久之，就很容易喪失改變的勇氣。讀完這本《柳林風聲》，你會發現：有時候，勇敢走出去，你獲得的不只是一段友誼，還可能是一個全新的自己。

在英國文壇上，有這樣一本童話小說：出版僅一個月，就風靡全球，成為大人和孩子的必備床頭書。此書還一度成為眾多創作者的啟蒙書，無論是《哈利波特》中的獾，還是《蛤蟆先生去看心理師》中的蛤蟆，都是以這本書中的角色為原型。這本書，就是肯尼斯．葛拉罕的《柳林風聲》。

書中以英國的泰晤士河畔為背景，講述了鼴鼠在機緣巧合下結識三位性格迥異的朋友的故事。在牠們的幫助和引領下，鼴鼠最終從一位魯莽、無知的少年，成長為一位受人喜愛，能洞見萬物的勇者。

作家劉墉曾說：「人這一生，其實限制你發展的，往往不是智商和學歷，而是你所處的生活圈。」當你讀懂書中鼴鼠的故事，就會明白，和觀念不同的人做朋友，到底有多重要。

只與觀念相同的人交往，是束縛人生的枷鎖

鼴鼠性格懶散，熱愛自由。因與田鼠、巢鼠趣味相投，故而經常生活在一起。每年春天，牠們都要修整洞穴，儲備乾糧，為冬天的到來做好準備。可是儘管牠們從初春忙到深秋，手邊的工作卻總是做不完。

原來，牠們做事向來沒有計劃，也從不檢討改進。每天做事全憑心情，心情好呢就埋頭苦幹，心情鬱悶就隨意翻動兩下。哪怕在休息的時候，牠們也從沒想過精進自己，不是天天聚餐，就是在一起聊八卦。因為在牠們的觀念裡，今天做

不完的事情，還可以推到明天。

河鼠看到牠們行事如此散漫，好心提醒牠們，但是牠們卻不以為然：「這麼多年，我們都習慣了。」此後，牠們不再搭理河鼠，也不與牠來往。就這樣，牠們寧願每天深陷忙碌，也不願接納別人的建議。

現實中的很多人又何嘗不是如此？朋友的表妹曾在教培行業教書，她生性活潑，交友廣泛。每逢節假日，她不是與朋友一起聚餐，就是外出遊玩。朋友建議她，趁年輕學門技能，考個會計師，以備不時之需。但她卻置若罔聞，有時還理直氣壯地回應：「這不是浪費時間嗎，我身邊的朋友都認為趁著年輕應該多出去看看。」

誰曾想，因為行業突衰，表妹失業在家。不得已，她只能轉向其他行業，可是面試了十幾家公司，都被拒之門外。最主要的原因是，她之前的工作經驗太少，也沒有其他拿得出手的技能。最終，她只能在偌大的人才市場，被別人挑來撿去。

很多時候，束縛我們的不是外界的種種，而是我們自身。這是因為，我們的認知大多是由所處的環境決定的。一味地與「同類」交往，大腦就容易形成固定思考，看待問題容易片面。只有學會擁抱不同，多與不同的人交流，才能打開人生新的通道。

越依賴同溫層，觀念越固化

《柳林風聲》中，鼴鼠因為常年枯燥的工作，被壓得喘不過氣來。為了遠離這一成不變的生活，牠衝出家門，奔向柳河岸邊，並在那裡結識了新朋友：河鼠、蛤蟆和老獾。

由於牠長時間待在一個環境中，自己的三觀早已固化，在新環境中，很多事情都讓牠無所適從。穴居長大的牠從沒見過大河，河鼠邀請牠去家裡做客時，牠感到惶恐不安。面對新朋友，牠也不知該如何相處，不是好心幫倒忙，就是讓大家深陷困境。

看見河鼠划船如此嫻熟，牠也很想出一份力，於是牠趁河鼠不備，一把奪過船槳。結果可想而知，毫無經驗的牠最終讓船失去平衡，雙雙掉入河中。

還有一次，河鼠提醒鼴鼠不要一個人進入野樹林，因為那裡叢林密集容易迷失方向。牠卻固執地認為是河鼠故意嚇牠，趁著對方熟睡之際，偷偷溜進野樹林。結果，河鼠為了去樹林找牠，也被困在深山裡，險些被凍死。鼴鼠不明白，自己以前就是如此行事，為什麼來到這裡後卻處處藏著危機？

生活中，我們也常常陷入這樣的固化思考：認為與自己思考、習慣都合拍的人，才能稱之為良友；而與自己意見相左，處處質疑自己的人，只配稱之為損友。可是這個世界，從來不是非黑即白，就像同一件事，因視角不同，得到的結果也就不同。心理學上有個概念叫「認知重構（Reframing）」，指的是人要在固有認知的基礎上，學會為自己打開看問題的新視角。只有勇於走出自己的舒適區，才能碾碎自縛的枷鎖，迎來更廣闊的成長空間。

多與觀念不同的人交往，你才能成長

在連連遭受打擊後，鼴鼠變得一蹶不振。好在三位好友都看在眼裡，牠們決定輪番傳授牠新知。很快，鼴鼠增長了不少學識。逐漸明白哪些動物可以做朋友，哪些則需要遠離；也逐漸理解哪些事需要即時處理，哪些則需要做計畫。同時，牠還掌握了游泳、划船、獨自策劃野餐等許多新技能。

此刻的鼴鼠精神面貌煥然一新，從原來的幼稚散漫變得成熟穩重，做起事來張弛有度、遊刃有餘。當牠知道河鼠因夢想破滅而變得鬱鬱寡歡，選擇在家躺平時，為了幫河鼠振作起來，牠每天收集有趣的新聞讀給牠聽，還嘗試與牠重溫之前溫馨的場景。看到河鼠心情漸恢復後，牠又趁熱打鐵，鼓勵牠做自己喜歡的事：寫詩。漸漸地，在牠的引導下，河鼠終於走出陰霾，重新找到生活的意義。

更難得的是，鼴鼠在反省與磨煉中，不僅變得越來越睿智，還練就一身的膽識。當牠得知蛤蟆的府邸被黃鼠狼霸佔後，牠連夜寫了一份詳細的攻打方案。連老獾都忍不住連連讚歎：「鼴鼠，好樣的，我覺得你現在越來越有見識了。」攻打莊園那天，牠還不顧自身安危，主動請纓去打前鋒。

面對黃鼠狼兇狠的武器，牠也毫不畏懼，勇猛地衝在最前面。牠一邊揮舞著手中的棍棒，一邊大聲吶喊，嚇得黃鼠狼們吱哇亂叫、四處逃竄。最終，鼴鼠透過不斷精進自己，過著理想的生活。

英皇集團創始人楊受成的傳記《楊受成：爭氣》裡有句話是這麼說的：「不

要總是局限在自己所見的角度裡，要結交更多的人，並且有勇氣接受自己的三觀被對方搗毀，然後再重建，這才是一個人真正的成熟所在。」一個人真正的成長，並不在於結交多少「同類」，而是敢於結交多少「異類」。從他們身上，學習看問題的不同角度，了解不同人的需求。更重要的是，在與對方思考的碰撞中，發現自己的局限，從而改變自己。

鼴鼠從最開始的固執己見，一意孤行，到後來的擁抱不同，勇於改變。一路走來，牠不斷地走出舒適區，最終成長為一個沉穩睿智的人。這一切的蛻變，源自牠勇於和觀念不同的人交往，從而不斷更新自己的認知模式。

比爾·蓋茲曾說：「有時決定你一生命運的，在於你結交了什麼樣的朋友。」真正有智慧的人，就是願意突破所謂和諧的圈子，學會傾聽世上不同的聲音。只有這樣，我們才能熔斷成見，重新出發。

真正的朋友，
能同樂，也能共勉。

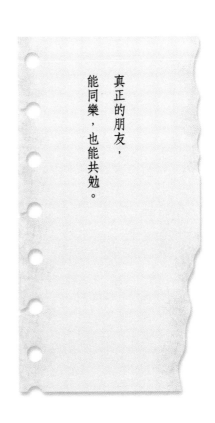

第四章　處事篇

——人生自立

理想與現實不可兼得時應該如何選擇？

——從《月亮與六便士》中找到內心的方向

相信很多年輕人都考慮過：我應該去大城市打拼，實現自己的夢想？還是接受現實，平平淡淡回老家安穩度日？人這一生，到底怎麼過才是正確的、有意義的、了無遺憾的？英國著名作家毛姆在《月亮與六便士》一書中，寫出了理想與現實的交相輝映，命運高潮和低潮的跌宕起伏。

理想與現實不可兼得時，我們該怎麼選？一千個人就有一千種生活的方式，甚至每個人在不同時期，也會做出不同的選擇。

經典小說《月亮與六便士》講一位股票經紀人拋妻棄子去當畫家，後半生窮困潦倒、備受唾棄，死後名聲大震的故事。或許我們無法像書中的主角一樣為了夢想拋棄一切，但至少我們能從他的經歷中明白：人生最好的狀態便是以出世之心做入世之事。

追求精神，活得出世

莎士比亞說：「人為載體，生而有夢。」有希望在，任何時候都不缺從頭再來的勇氣。

倫敦四十多歲的股票經紀人查爾斯．史崔克蘭，有美麗的妻子和聰明的兒女，家庭富裕美滿。有一天他突然離家出走，人們都認為他拿著錢和別的女人私奔了。但當朋友找到他時卻發現，史崔克蘭穿著邋遢，鬍鬚雜亂，和原來光鮮的股票經紀人判若兩人，也根本沒有紙醉金迷的跡象。

史崔克蘭轉告來尋找他的朋友，說自己不會再回去，因為在他看來：「我必須畫畫，我身不由己。一個人掉進水裡，他游泳游得好不好沒關係，反正他得掙扎，不然就得淹死。」

每個不甘平凡的人都是抱著最壞的打算，努力活成最好的樣子。縱然知道自己將來或許泯然眾生，卻依舊拚命掙扎，努力過就不後悔。

雖然史崔克蘭的繪畫水準很一般，但他對繪畫的熱愛一點也不比大師少半分。中國古語有言：「宇宙內事要力擔當，又要善擺脫；不擔當，則無經世之事業；

不擺脫，則無出世之襟期。」意思是一個人若不思進取、沒有擔當，就無法建立穩固的事業；若無法擺脫各種牽絆，就不能保持超脫世俗的胸襟，更無法心無旁騖地去做真正想做的事。

擺脫一切後的史崔克蘭不在意錢財、穿著、住所，也不在乎別人的看法。他到處流浪，四處借錢生活，經常食不果腹。到碼頭當勞工，生病沒錢看醫生，甚至去社會救助站討飯，這些對他沒有任何影響。

作畫，對史崔克蘭來說就是他內心最大的充實與快樂。雖然後來史崔克蘭不幸患上絕症，雙目失明，但在生命的尾聲，他在居住的木屋牆壁上創作出曠世奇作，靈魂也得到安息。

這是現實與理想的割裂。他要求土著妻子愛塔在他死後將他畢生的畫都燒毀，對完成後的作品毫無眷戀，因為最豐腴的愉悅感已經在創作中產生了。

精神的超越，不為物累。身處六便士中，仍然心向明月。理想是力量的泉源，衝鋒斬棘的利劍。我們生活在一個物資充足的時代，但很多人還是覺得自己不快樂、不幸福。

其實，人生幸福，蘊藏在個人所做的事情裡。做喜歡的事、開心做事和不得不做，結果大不相同。也許，夢想不一定都能實現，但在追尋夢想的過程中，你成為了更好的自己。

和追求物質，活得入世

張愛玲曾說過：「生命是一襲華美的長袍，裡面爬滿了蝨子。」你看到的體面背後，實則是別人用努力、堅持和無數黑夜的痛苦換來的。

史崔克蘭離家出走時只給妻子艾美留下一封信。習慣養尊處優的艾美，在徹底失去丈夫這個倚靠後，清醒地認知到，以後的人生，只有靠自己拼搏。她還有兩個孩子要撫養，她必須振作起來面對這一切。

艾美不允許自己變成怨婦被人笑話，更不想毀掉優雅的形象被別人同情，她迅速調整心情，從改變家裡的佈局開始，創造自己的世界。艾美學習速記打字，並開了一間小店，她的店精緻、有特色、有品質。

朋友們都佩服她的堅強和冷靜，主動去光顧她的生意，很快便有了第二間、第三間店。充盈忙碌的生活，早已讓她走出被拋棄的悲痛。手有餘糧，心才不慌。在這個世界上，金錢和物質是不可或缺的。

有句話叫：「成年人的崩潰，是從缺錢開始的。」付不起醫藥費不能看病，不工作無法還房貸。缺一次錢，就足以讓人無堅不摧的世界觀崩塌一次，足以讓人打碎一切重新看世界，離開物質，人類無法生存。

人這一生都會體驗人生百態，嘗盡人情冷暖。努力賺錢，不僅意味著可以擁有更好的物質生活，也意味著擁有更多的精神自由，比如在遇到不想做的事情時，不必囿於現實壓力而妥協。但這一切都需要你自己去掙。

古人有云：「倉廩實而知禮節，衣食足而知榮辱。」衣食富足了，才會在意榮辱。貧賤夫妻百事哀，雞毛蒜皮總紅腮。普通家庭的矛盾、壓力，大多來自經濟匱乏，結婚、生子、挑學區、孝順父母……世人眼中的品質生活離不開物質的支撐。

紀伯倫的《沙與沫》裡有句話：「即使最崇高的精神，也無法躲避物質的需要。」合理地追求物質財富，是一種積極向上的精神狀態。

沒有完美的選擇，只有適合的人生

接受現實或是成全理想？生活總是魚和熊掌不可兼得。無論是哪種選擇，都取決於你如何看待生活的意義。

亦舒有句話深入人心：「當我四十歲時，身體健康，略有積蓄，丈夫體貼，孩子聽話，有一份真正喜歡的工作，這就是成功。」

《月亮與六便士》中還有一名叫亞伯拉罕的天才醫生，出差時被一座小鎮的民風和景色吸引。他放棄錦衣玉食、萬人敬仰的生活，在當地找了一份最基層的工作，娶了一名醜陋的妻子。與此同時，有一個叫亞歷克的人接替了這位傑出醫生的工作，數年之後，亞歷克迎娶了美麗的妻子，收入豐厚，還有爵士榮譽加身。

有人問亞伯拉罕：「你有後悔過嗎，哪怕一分鐘？」他回答說：「從來沒有，一分鐘都沒有。我的錢雖然剛剛好夠生活，但我很滿足。我別無所求，希望一直這樣生活下去，這樣生活非常幸福。」

生活就是不斷在取捨，知足的人不為功名利祿而奔波勞累，明白自得其樂的人，有所失也不感到憂懼。知足，並不是說放棄拼搏，安於現狀，而是正確地審視自己的人生，明白自己想要的是什麼。

人活一世，有的人追求物質富裕，有的人追求精神充盈，有的人追求兼濟天下。站位不同，目標不同，境界就不同。物質決定精神，精神對物質具有能動的反作用。人生的意義，也許永遠沒有標準答案。

增長自己的知識、提升對世界的認知，才能更加清楚自己的人生所求。只要勇敢面對生活，都會找到自己的價值。村上春樹說：「不管全世界的人怎麼說，我都認為自己的感受才是正確的，無論別人怎麼看，我從來不打亂自己的節奏。」最幸福的人生，就是能夠依照自己內心深處真正喜歡的方式度過一生，而不是去迎合大眾，符合大多數人的價值觀。

入世者聰，出世者慧，以出世的精神，過入世的生活。不隨便去評判別人的生活方式，也不用活在別人的期待和評價標準裡。生活無須比較，也經不住比較，跟昨天的自己相比，而不是跟別人的生活較勁。人世有千百種活法，每一種活法都是一種修行，不必拘泥於一種。正如張小嫻所言：「你不過是做自己喜歡做的事，過自己喜歡過的生活，若有人因為你喜歡做的事而覺得噁心和取笑你，那是他們的事。」

答案不只一種，
過程更是無數。

如何處理工作裡的壞情緒？

——從《稻盛和夫工作的方法》中獲得不內耗的工作心態

這幾年，「精神離職」「摸魚哲學」盛行於網路，工作的壓力幾乎成為所有工作者的痛。然而，面對房貸車貸、養子、撫養老人……我們又不能不工作。有沒有什麼辦法，能讓我們的工作更愉悅輕鬆？「日本經營之聖」稻盛和夫的《工作的方法》，就介紹翻過工作內耗大山的辦法。

說起「收假症候群」，已經工作的人想必不陌生，每當假期結束重返工作崗位，不少人遲遲無法進入工作狀態，不但神情呆滯、眼神渙散，還反應遲鈍、哈欠連天。更有甚者，盯著電腦螢幕，半天也想不起自己到底要幹嘛，每敲一次鍵盤，都彷彿是對靈魂的叩問：這個班，真的非上不可嗎？

對工作的厭倦情緒，不僅集中在假期結束，平常的工作亦有諸多壓力。做不完的事，操不完的心，賺不到的錢，像三座大山一樣壓得人無法喘息。如果你也不想工作又不得不工作，不如讀讀《稻盛和夫工作的方法》這本書。

改變工作心態：你要為你自己工作

雖然我們需要工作中的情緒價值，但對大多數人而言，工作的本質還是為了賺錢。很多人選擇擺爛、摸魚的原因大部分也是因為賺不到多少錢。有人說，混水摸魚是為了讓老闆知道「便宜沒好貨」。

但反過來想想，摸魚的同時，我們也浪費了自己的時間。被譽為「日本經營之聖」的著名實業家稻盛和夫，年輕時在一家收益很差的陶瓷廠工作。因為經濟蕭條，陶瓷廠連薪水都發不出，和稻盛和夫同期入職的員工都相繼離開了。稻盛和夫原本也想走，但遭到了家人的嚴正反對。無奈之下，他只能堅持。但既然留下，就要把事情做好。

從那之後，他把鍋碗瓢盆全部搬到車間裡，每天吃住都和陶瓷在一起。他請公司幫忙訂閱最新的陶瓷雜誌，以瞭解行業的前沿動態，全身心投入相關課題的研發。他每天不是在做實驗，就是在看雜誌，廢寢忘食，終於研發成功。他的研發不僅幫公司賺到錢，也讓自己找到值得奮鬥終生的事業。

對普通的工作者而言，雖然每天的生活單調重複：睜眼、洗漱、通勤、工作、吃飯、再工作、回家……但當你明白工作的目的是為了精進自己後，工作的意義就會隨之變得清晰。寫一個文案、對接一個客戶、跟進一個專案、接觸一個平臺……都可以成為簡歷的加分項。

正如稻盛和夫所說，當你認真對待一份工作的時候，你的心性就會變得不一樣。認真做事可以精進心智、昇華人格，並且當你全身心投入時，你的靈魂會得到雕刻，內心會得到滿足。

人生是為自己活的，工作也應當為自己工作。而找到自己願意燃燒熱情的事，培養可遷移的技能，就是為自己工作、為自己賺錢的方法。

調整工作方法：清空你的工作籃

工作裡，你一定見過這兩種人：一種人，永遠有做不完的事，整天手忙腳亂、焦頭爛額，業績卻稀鬆平常；另一種人，即使事務繁多，也總能條理清晰，將工作安排得井井有條，而且總能取得不錯的成績。

知名管理學家、暢銷書《與成功有約：高效能人士的七個習慣》的作者史蒂芬・柯維，提出過著名的「四象限」時間管理法：工作中，可以把事情分為四類，分別為重要且緊急，重要但不緊急，緊急但不重要，不緊急也不重要。

思考一下：你平時的工作中，哪類事情占的比重最大？收拾辦公桌、情緒內耗、對接同事、打雜跑腿……如果總做不重要也不緊急的事，那很可能成為徘徊在工作邊緣、毫無存在感的透明人；如果總做不重要而緊急的事，雖然看起來很忙，但只是一直在處理爛攤子。沒有規劃地被一些雜事、沒有成長性的工作、截止日期推著走，只會徒然消耗精力。

最容易被忽視的，是重要但不緊急的事，比如職業規劃、總結檢討等。這種事情雖然一時不急，但如果長期不管，慢慢都會變成重要且緊急的事。當很多重要且緊急的事堆在一起，人就會在短時間內壓力倍增，總是擔心出錯，時刻焦慮緊張，最終陷入崩潰。

推薦大家試一試這個方法——清空工作籃。想像你面前有一個工作籃，你需要收集待處理的工作並放入其中。這些工作未必都要由你來完成，但你必須處理它們。可以先從比較著急的事開始，每次只處理一件事。否則，可能會導致很多事只做到一半就忘了，下次啟動又得從頭開始做。當工作籃中需要處理的事項逐漸減少，你的工作和生活都會變得越來越高效。

停止你的工作內耗

除了工作忙、事情多，很多人不想工作，還因為一些感性的煩惱：「怎麼辦，我覺得老闆不喜歡我」、「主管總暗中刁難我，煩死了」、「同事搞小團體，一起打擊我、排擠我」……

然而，正如知名經紀人楊天真曾說的那樣：「你和老闆是雇傭關係，又不是戀愛關係，雇傭關係的基礎是互相需要，不是互相喜歡。你是來工作的，為什麼要思考你的老闆喜不喜歡你？」對老闆來說，員工是幫他賺錢的人。如果沒有這個價值，即使表面上他喜歡你，也終究會冷淡。所以，為老闆一時的喜好和態度這類感性的事情而煩惱，是沒有意義的。它只會影響你的心境，讓你逐漸看不到實際存在的問題，轉而將工作的不順全部歸結於外在因素，比如找不到工作，就抱怨就業環境太差，教育體制有問題；談不下客戶，就指責甲方要求太多，客戶太難搞；存不下錢買房，就責怪社會不公平，房價太離譜。

我們都會在生活中感受到各種各樣的情緒，但大腦就像電腦的中央處理器，想的事越多，運轉地就越慢，壓力也就越大。將所有的事情都放在大腦裡，只會被「暫存資料」壓垮，而唯一能解決感性煩惱的，就是做事。

同事看不慣你，就用業績讓他閉嘴；老闆批評你，也大可選擇性傾聽。當你擁有了他人難以企及的實力，很多感性的煩惱都會迎刃而解。

樊登曾說：「生活的真相就是換個地方行住坐臥而已，是我們自己的界定讓工作變成不得不承受的痛苦。」

工作帶給我們壓力和焦慮，但也提供了安身立命的資產。你眼中痛苦不堪的工作，可能是別人眼中羨慕不已的奢侈。工作本身就是人生的修行，希望我們都能用更輕鬆的心態面對工作，笑看人生。

> 思想的畫筆鮮豔，人生的畫布才絢爛。
> 關關難過關關過，前路漫漫亦燦燦。

找不到工作或gap怎麼辦？
——從《橫道世之介》中獲得靈魂的休憩之法

不少年輕人步入社會後，首先要面臨的就是「就業難」「競爭激烈」的問題。找工作的時候，躊躇滿志，立志投職著名企業，然而，嚴峻的經濟形勢和激烈的人才競爭，讓畢業生們迅速認知到自己在社會中的位置。一次次受挫後，身與心都不可避免地來到低谷。

因為工作難找而跌入人生谷底的故事，並非僅僅發生在應屆畢業生身上，各個年齡段的人都會面臨各種各樣的工作困境，比如降薪、裁員、年前辭職結果現在還在待業……這時候，不如讀讀小說《橫道世之介》。

無論是找工作受挫，還是人生的其他困境，面對低谷，每個人都應學會自我療癒。把最壞的時期，當成最好的時期去生活。

在日本作家吉田修一的《橫道世之介》一書中，主角橫道世之介也在經歷他的人生低谷。那一年，他二十四歲，大學畢業遭遇「就業冰河期」，因找不到工作，一整年都在靠玩「柏青哥」和打零工度日。但他從未自暴自棄，反而憑著自己的善良和對生活的熱愛，讓這一年成為人生不同尋常的風景。

不如意，是人生常態

書的一開頭，世之介起了個大早，成為小鋼珠店的第一批客人，擠在蜂擁而至的人群中。但他還是晚了一步，機台全被人佔用了，他試圖和一個女孩搶奪一個機台，卻以失敗告終。他鬱悶地走出鋼珠店，遊蕩、閒聊，挨到了下午才等到一個機台空下來，他也終於贏到一點錢。這是二十四歲的世之介，這樣的日子，幾乎成了他的日常。

因為留級一年，沒趕上泡沫經濟破滅之前最後一個賣方市場，世之介總共被五十二家公司拒之門外。無奈之下，他去了一家只有五個人的食品公司打零工，外加玩玩小鋼珠，以維持生計。

在食品公司，世之介盡職盡責，很討社長喜歡。社長有意把他轉為正式員工，而就在世之介考慮是否接受之時，變故發生了。他被同事誣陷偷店裡的錢，因此又一次失去了工作，並再次陷入「找工作——被拒絕」的無限迴圈中。

這樣的不如意，並不是只在世之介一個人身上發生。世之介的大學同學小諸，畢業後雖有幸進入一家證券公司，但月月業績墊底，整個人萎靡不振。辭了工作後，他申請到一家自我激勵培訓機構當培訓師，卻因演講不好而在大庭廣眾之下被罵到痛哭。

那個和世之介搶小鋼珠機台的女孩濱本，高中退學想去做壽司師傅，卻因為是女性而被屢屢拒絕。最後剃了光頭才得以進入一家店學習，但總被前輩打罵，只能含淚硬撐。

挫折接連不斷，打擊接二連三，但沒有一次能讓他們一蹶不振。他們和世之介一樣，雖然沒有一帆風順的人生，但都有強大的心境，也都有重來的勇氣。

人生在世，不如意是常態。我們不必苛求事事圓滿，當生活遭遇低谷，如果暫時無法走出，不如坦然面對，做好眼前事。

在最糟糕的時期，也要熱愛生活

書中有這樣一段插曲。世之介打零工的同事栗原有一個哥哥，他對生活失去了興趣，不去工作，整日把自己關在家中。栗原和世之介聊起這件事時，哥哥已經把自己關了整整一年。哥哥說，這一年中每一天他都不想擁有。

世之介大為震驚，他想起自身現狀，找工作屢次碰壁，打零工也被解雇，覺得自己就像栗原的哥哥一樣，正在遭遇「厄運年」。但是細數起來，即便是如此黯淡的一年，也依然有很多閃閃發光的回憶。比如，雖然沒工作，但玩小鋼珠偶爾也會贏。再比如，生日時，小諸會把不再聽的CD送給他。

如若有人讓他當這看似不如意的一年完全沒發生過，那他會斷然拒絕。無論當下境遇多麼狼狽和糟糕，世之介始終懷著一顆柔軟之心，熱愛生活，且認真生活。僅僅是一次正常的理髮，他都會感慨：晴朗的午後，在東京的下町河堤旁理髮是一件多麼奢侈的事情。在被五十二家公司拒絕之後，懷著一種低沉的心情去第五十三家公司面試的路上，他仍能注意到鐵軌沿線下的一片向日葵，正沐浴著陽光……他總能發現生活中的美好，而這些美好一次次將他拯救於水火，賦予他重新啟程的力量。

法國哲學家卡繆說：「習慣於絕望的處境比絕望的處境本身還要糟，這才是真正的不幸。」生活中有太多的人，每當遭遇生活上的挫折，就自怨自艾，對一切事物失去興致；每當遭遇工作上的壓力，就頹廢消沉，陷入對自己能力的質疑中；每當遭遇感情上的不順，就心灰意冷，甚至不再相信愛情。越是陷入這種消極的心態，生活就變得越灰暗和沉寂。

人生就是一條綿延不盡的山脈，起起落落本是常態。身處低谷時，不妨放慢腳步，放平心態，去欣賞沿途的美景，感受那些被我們忽略掉的美好。

永保對生活的熱忱，谷底，亦有谷底的風景。

悅納當下，一切都是最好的安排

在一次旅行中，世之介去了一個叫「死亡谷」的地方，在一片廣闊的沙漠裡。

他本以為，死亡谷之所以叫「死亡谷」，是因為太熱，常年維持四十度以上的高溫。

他沿著沙漠跑了三個小時，景觀卻依然沒有任何變化，遙遠的地平線始終是那麼遠，連沙丘都沒有絲毫要靠近過來的跡象，唯一在動的就是車道兩旁乾枯的仙人掌。他才突然頓悟，這裡並不是因為熱得要死才叫死亡谷，而是因為毫無變化才叫死亡谷。

恰如人生一般，如若日子始終一成不變，那生活就如一灘死水，了無生趣。生命本就是流動的，正因為有不同的體驗與經歷，才成就了它的魅力。每個當下，都有其存在的價值。

在被食品公司辭退以後，世之介憑藉著大學考的證書，進入一家公司的會計部。但他並沒有會計相關技能，上班第一天就露餡被開除了。百無聊賴之際，他去了運動中心的游泳池，在那裡，遇到有過一面之緣的櫻子，由此開始一段戀情。他也因此走進櫻子一家人的生活，在異地他鄉感受到別樣的溫暖。

小諸失業後，想要進行一場為期兩周的國外旅行，邀請世之介作陪，並承擔費用。世之介欣然答應，然而踏上旅途之後，兩人很快出現摩擦，到紐約後，兩人分道揚鑣。世之介身上僅剩的一點錢還被一個陌生女孩騙光，當晚，他在一個麥當勞店裡過夜。

天亮時，本來窮途末路的他迎來曙光，有一對日本夫婦找他搭話。在接下來的五天裡，這對夫婦讓世之介住著高級公寓，每天帶著他四處逛，世之介第一次享受到紐約生活。旅行歸來後，因為打零工的商店倒閉，世之介再次失業，他接受櫻子父親的邀請，為櫻子家做事，雖然平凡，但也幸福。

每當他陷入谷底，似乎總有轉機出現，前一刻的事與願違，或許就是下一秒驚喜的伏筆。水到絕境是飛瀑，人到絕處是逢生，無論得失，悅納當下。

所有的低迷期，都滲透著一絲希望的曙光。要相信，當下所發生的一切，都是最好的安排。書中有這樣一段話：「人生這種東西，絕非全都是花好月圓，有好的時期，也有壞的時期；有最棒的一年，當然也有最壞的一年。」對世之介來說，這找不到工作的一年，就是他最壞的一年。然而他始終樂觀以對，熱愛生活，生活裡的風雨撲面而來，但他心裡始終有一個暖陽。好有好的活法，不好也有不好的活法，正因為不好，他才得以遇見那些令他溫暖的人和事。

命運的每一個時區，都有它存在的道理。正如作者在總結世之介這一年時所說：「人生不如意，萬歲！人生衰到底，萬萬歲！」低谷亦有別致的風景，即使被命運殘酷對待，依然要選擇溫柔地對待這個世界。

有時候，也許僅僅因為懷著一顆柔軟而熱忱的心，就能創造奇蹟。

人生總有不順利或疲倦的時候，就把它當成是神賜給我們的、很長很長的假期。不必勉強衝刺，不必緊張，不必努力加油，一切順其自然。

工作很痛苦，我該不該辭職？

——從《生命咖啡館》中看清內心的答案

大學畢業後的迷茫，三十五歲即將進入中年危機的迷茫，成為父母之後家庭和事業之間失衡的迷茫，退休之後無所適從的迷茫……每個人的一生總會經歷幾段迷茫期。如果你正在經歷，歡迎來《生命咖啡館》看看。這裡不賣答案，有心人卻總能找到它。

草綠花香的季節總是那麼溫柔，冰雪消融，春光漸暖，就像一個人經歷迷途後，終於發現前方光亮的出口。

每當這時，便不由想起《生命咖啡館》中那些溫暖治癒的文字。它像一位人生摯友與你聊天，引導你思考，讓你重新認識自己，並發現生命的意義。

作者約翰·史崔勒基和書裡的主角約翰一樣，一度非常迷茫。他在企業工作多年，拿著體面的高薪，卻在三十二歲那年突然選擇離職。之後，他和妻子一起，背起背包，踏上環球之旅。他們花九個月時間，走過七萬英里路。歸來後，他把自己的經歷和感悟寫成《生命咖啡館》，本來只是自費出版，沒想到居然成為暢銷書。

一個人，要怎樣走出迷途，尋回希望，活出明亮飽滿的一生呢？在這本書裡，相信我們都能找到答案。

困住你的，往往不是你內心真正想要的

主角約翰有個體面的工作、知心的朋友，生活本該安穩愜意，可是他卻越來越感到迷茫困惑，有時會莫名感到沮喪。他心裡常想：我的人生就該如此，沒有其他選擇了嗎？人活著是否還有更多的可能性？

一路走來，約翰像我們大多數人一樣，為了滿足他人和社會的期待努力地活著：讀書時，為考取大學而努力；上了大學，為找工作而努力；再之後，去公司工作，又把時間花在努力晉升職位。他覺得自己總是被動向前行進。在無數個用

忙碌換取金錢的日子裡，他體會不到生活的樂趣，甚至逐漸迷失自我。

書中的安妮，也有這種困惑。她從事廣告行業，終日忙於工作，很少有自己的閒暇時間，更不用說去做自己喜歡的事。本以為豐厚的物質獎勵能為自己帶來幸福和滿足，最後卻發現雖然賺到一些錢，但精神越發空虛迷茫，絲毫感受不到幸福。

古希臘哲學家愛比克泰德曾說：「一個人生活中的快樂，應該來自盡可能減少對於外來事物的依賴。」可是現實中的我們，卻總是習慣性地被物質欲望裹挾著，不斷追逐著外在的獲取，嚮往活成人群中最閃耀的那一個。鋪天蓋地的資訊和廣告，也在無形中控制了我們的思考，佔據我們過多的時間。於是，每天忙碌地追逐看似圓滿的生活，似乎是每個成年人的必修課。走著走著，就會發覺自己過得並不開心，因為你從未直面內心的感受，問問自己真正想要的、想去做的，到底是什麼。

一些人看似在支配物質，住更大的房子，買更好的車，賺取更多的財富，實則被物質支配，沒有自由的空間。還有一些人，活在他人的期待和眼光裡，不停地證明自己卻不自知。

過分看重外在所得和他人的看法，而忽略內在需求，就仿佛把自己禁錮在一個牢籠裡，時間久了，心一定會累。因為，那並不是你真正想要的。

濾除雜質，才能丟掉內心的負累

約翰在又一次感到無助迷茫時，選擇逃離手頭的工作，開車遠行。由於迷路，他意外遇見一家「神奇的咖啡館」，在與那裡的人聊過天後，約翰開始思考自己的人生。

咖啡館的女侍凱西講了一個，讓她覺悟的「綠海龜」故事給約翰聽。

一次，凱西在夏威夷海灘浮潛，看見不遠處有一隻綠色大海龜正在往遠離海岸的方向游。她本以為自己能輕鬆追上海龜，因為牠看起來游得很慢，卻沒想到無論怎麼努力，都追不上牠。第二天再次嘗試，卻還是如此。她仔細觀察才發現：原來海龜遵循著海水的運動規律，當海浪與牠行進方向相反，牠會浮在原地；而當海浪湧向海洋方向，海龜會加速划水。而凱西正相反，她不顧海水方向，始終都在奮力划，結果越用力，越疲憊，直至最後無力支撐。

她忍不住感慨：其實我們的生活何嘗不是如此？你在反向浪上浪費的時間和精力越多，留給正向浪的力氣就越少。

聽完凱西的故事，約翰開始計算自己平時耗費的時間。他吃驚地發現，從大學畢業起，以七十五歲的壽命為前提，每天花二十分鐘打開和流覽那些不感興趣的郵件，累計起來就幾乎佔據他生命中的一年時間。實際情況是，很多人每天花在不必要事情上的時間會更多，比如追劇、滑手機、看短片、參加各種促銷活動、看垃圾郵件等。它們就像反向海浪，會消耗你大量注意力、精力和時間。

很多時候，我們之所以覺得很累，就是把過多精力消耗在外在層面，卻忘了多花點心思去豐富精神世界，找到自己真正熱愛的事。所以說，一個人濾掉生活雜質的過程，也是丟掉負累的過程。

你可以選擇停下來，每天擠出一點時間，聽聽音樂、讀一本書、散散步；也可以找一個空閒的片刻，梳理一下雜亂的思緒，傾聽一下內心的聲音。或許，它們會告訴你，生命本真的答案。

解鎖生命的意義，從當下開始

很喜歡書中的一句話：「生活本來很精彩，只不過有人沒發現自己是作者，沒發現他們可以依自己的想法創作。」很多人一輩子都在追問人生的意義，但其實，每個人的答案都不一樣，自己的人生只能靠自己書寫。

咖啡館裡的廚師麥克，也曾為自己一成不變的忙碌生活焦慮過。那時，他白天有全職工作，晚上要去上研究所的課，其他時候還要訓練體能。他幾乎把生活中每個時段都安排得滿滿的，這讓他疲憊不堪。後來，他選擇辭職去旅行。

有一天，他坐在漂流木上，吃著新鮮的芒果，看著美麗的日落，忽然所有的焦慮都遠離了。面對不可思議的美麗景色，麥克回顧起自己過去的忙碌，突然覺得生命在宏大的宇宙中顯得很渺小。他開始追問自己：「我為什麼來這裡？如果我以為重要的東西其實並不重要，那什麼才是最重要的？」

這也是大多數人的生活寫照，為了達到別人眼裡的成功而奮力拼搏，卻忘記自己為什麼出發。你的生活是否圓滿，由你自己說了算，和別人告訴你它圓不圓滿無關。

一個人真正的成熟，是擁有選擇適合自己生活的能力和勇氣。旅行回來後，麥克選擇來到這家咖啡館工作。他把自己的故事說給每一個迷茫的人聽，幫助別人的同時，自己也得到喜悅。每一個走出咖啡館的人都感到放鬆和療癒。

約翰和安妮回去後，也不再彷徨，開始重新安排自己的生活。在忙碌之餘，他們會抽出一段時間，專注於自己喜歡做的事。

的確，我們總是煩惱人生的意義、工作的價值、未來的發展、別人的生活……但事實上，這些煩惱大多是無用的。與其想東想西，不如著眼當下，去見想見的人，去做想做的事。

每個人都是自己生命的主角，而不是別人生命中的過客。當烏雲散去，自有漫天繁星，而你要做的，不過兩件事：做自己，要開心。

村上春樹說過：「在自己喜歡的時間裡，依照自己喜歡的方式，去做自己喜歡做的事，對我而言，這便是自由人的定義。」人生從來都不完美，各有各的煩惱，各有各的難處，只有過好當下才是最重要的。

春天有花開的芬芳，夏天有綠樹的清涼，秋天有果實累累，冬天有白雪皚皚。當下就是人生最好的時候，何不讓這些美好的事在當下發生呢？

如果趕不上日出，又錯過日落餘暉，
請記得還有滿天星辰，還有第二天。

如何擴大你的做事格局？

——從《把信送給加西亞》中尋獲截然不同的人生

你是否覺得「上班如上墳」，但迫於生計，不得不硬著頭皮去工作？你是否頻繁跳槽，卻始終找不到稱心如意的工作？你是否想踏踏實實地工作，又怕付出沒有回報？

如果你總是這樣計較工作，反反覆覆糾結工作的意義和價值，那麼《把信送給加西亞》絕對是你可以當作信仰的明燈。

美國作家阿爾伯特·哈伯德的小說《把信送給加西亞》，講述了美西戰爭中一位叫羅文的年輕人冒著生命危險，為反抗軍首領加西亞送信的故事。

一百多年來，這本書在全世界廣為流傳，成為全球最暢銷圖書第六名。羅文冒著戰火硝煙，依然忠於職守、勇於行動的精神，慰藉一代代的工作者。

格局越低，工作越被動

一八九八年，美西戰爭爆發。美國需要盡快和反抗西班牙的古巴反抗軍首領加西亞取得聯繫，因為雙方合作才是作戰成功的關鍵。可是，無人知曉加西亞的確切藏身之處，因為他正帶領反抗軍在古巴叢林裡打游擊戰。

找到一個可靠的送信人，是美國總統麥金利面臨的一個棘手問題。最初選了兩名軍官，但他們不知道去哪裡找人，也不知道怎麼去找人，無從下手，最終半途而廢。事情迫在眉睫，美國軍事情報局局長亞瑟·瓦格納上校毫不猶豫地推薦了一個年輕的中尉——羅文。

一個小時後，信擺在羅文面前。他沒有問「他長什麼樣？他在哪裡？我怎麼才能找到他？」這些問題，他只是默默地接過任務後，就立即踏上送信之路，自己盡力去解決問題。

在職場中接到任務，你是像前兩名官員一樣無所適從，還是像羅文一樣立即行動？書中有一個假設實驗：如果你交代一名職員任務——幫忙查百科全書，做一篇某某生平的摘錄，他會立即行動嗎？不，他可能會滿懷狐疑地提出一系列問題：他是誰？他去世了嗎？哪套百科全書？百科全書在哪裡？為什麼不叫某某去做呢？你為什麼要查他？……他會打破砂鍋問到底，問完之後，最後可能還得你自己動手解決。這就是一些職場人的真實寫照，接到任務，他們的反應更像那兩名軍官，而不是像羅文。

你不告訴我具體怎麼做，我就不會做；你告訴我該怎麼做，我也不一定會做。在一些人看來，工作只是一個謀生的工具，工作的目的不是追名，就是逐利，他們嚮往的理想工作就是「錢多事少離家近，位高權重責任輕」。

還有一些人，害怕努力卻沒有回報。倘若辛辛苦苦一輩子，卻竹籃打水一場空，那還不如輕鬆自在樂逍遙。因此，許多人看重眼前利益，生怕自己吃虧，工作中便得過且過。

但是工作這件事，在我們一生中又佔據著重要的地位，需要我們付出大量的時間。某種程度上，你的工作態度，決定了你的人生高度。格局越低，越把工作當作一種負擔，只滿足於被動工作，不會主動提高。

層次越高，工作越自律

羅文接到任務後，意識到任務的重大與艱巨。但服從是軍人的天職，他責無旁貸，即使犧牲生命也在所不惜。他迅速規劃了行動路線，沒帶任何護衛，沒帶多餘的東西，孤身一人踏上征程。

一路上，他沉默寡言，小心謹慎，逃過各種檢查，逃過敵軍的追擊，逃過間諜的偷襲，沉著應對各種突發情況。一路馬不停蹄，三個星期後，他成功地將信交給了加西亞。然後，又一路驚險地把古巴形勢的最新情報安全帶回美國。

在他看來，自己只不過是完成一個軍人應該完成的任務，即「只要服從命令，不要考慮為什麼」。時間緊迫，責任重大，目標未知，硝煙彌漫，送信不亞於送命，完成的希望渺茫。可是羅文卻順利完成了，因為他把這個任務當成自己不可推卸的使命。

我們對工作的重視程度，影響著最終的完成度。抱著志在必得的信念，堅信「辦法總比困難多」，奉行一絲不苟的態度，完成的效果就更好。反之，如果猶豫不決，遇到困難便輕易打退堂鼓，那麼事情就永遠無法完成。

書中有一個案例。華納．馮．布朗是美國國家航空暨太空總署的太空研究開發項目的主設計師。在「阿波羅四號計畫」中，將由農神5號運載火箭來推動太空船。農神5號運載火箭由五百六十萬個部分組成，這就意味著哪怕準確性達到百分之九十九，依然隱藏著五千六百個缺點。但是「阿波羅四號計畫」在一次示範飛行後，只發現過兩個反常情況。

這並不容易達到。以我們常見的汽車為例，一輛汽車由一萬三千個部分組成，相比數量龐大的飛機部件，可以說是小巫見大巫，但是眾所周知，汽車的故障率卻遠高於火箭，其背後的主要原因就是火箭的相關標準遠遠高於汽車工業。也就是說，你如果想高品質地完成工作，首先得高標準地要求自己。如果你把工作當成主動追求的事業，就會竭盡全力地做好每一件事。

接觸一項新工作，難免困難重重，被動工作的人往往一籌莫展，踟躕不前。而熱愛工作的人會迎難而上，努力研究。看過一句話：「一項工作從開始到結束，可能要幾個月時間。但接手這項工作第一秒內的反應，往往就決定了這個人所能達到的高度。」

層次越高的人，工作越自律，能力越增長，完成得越容易。

工作態度，決定人生高度

送信路上，羅文時刻警惕著身邊的陌生人。在古巴境內，他注意到一些穿著奇怪的人。嚮導不以為然地說他們是西班牙逃兵，因為不堪忍受虐待或饑餓而逃走，這在當地是司空見慣的現象。

但是羅文心存懷疑，擔心其中藏有間諜，要求嚮導仔細審問，並留心動向。果然，其中兩人是間諜。那天晚上他們想逃出營地去給西班牙人通風報信，沒有成功，又在半夜刺殺羅文，被早有防備的哨兵開槍打死。

小心駛得萬年船，羅文因此逃過一劫。凱旋的羅文，被任命為騎兵團上校副官，得到總統的嘉獎，並成為美國人民的英雄，永載史冊。

而在他之前，相似的情境，卻有前輩由於掉以輕心而被捕，釀成悲劇，甚至這位前輩身上攜帶的機密情報也被敵人破譯，造成國家無法彌補的損失。

不同的工作態度，導致他們截然不同的人生結局。工作態度，不僅影響工作結果，還影響到整個人生。同樣是工作多年，有人碌碌無為，一事無成，人到中年，惶恐失業危機，戰戰兢兢，四面楚歌；而有人蒸蒸日上，升職加薪，事業飛黃騰達，人生風光無限。拉開人生差距的一個重要因素，就是工作態度。

人無遠慮，必有近憂。工作缺乏長遠規劃，做一天和尚撞一天鐘，時間一長，當你失去應有的價值後，就面臨著被人取代的風險。而長年累月的兢兢業業，精益求精，不斷突破自我，人生之路就會越走越寬。

把工作當負擔，人生也會變得負重累累；把工作當投資，則為自己累積雄厚的人生資本。你偷過的懶，都會變成你前進的攔路虎；你流下的汗，也會變成你成功的墊腳石。

稻盛和夫曾說：「只要熱愛工作，只要抱著純粹的動機、強烈的願望，付出不亞於任何人的努力，就能感動上帝，獲得天助。」你和工作會相互成就，你讓工作盡善盡美，工作讓你價值綻放。工作的意義，不僅是謀生糊口，更是一種價值體現。

如今，就業形勢嚴峻，許多人抱怨找不到合適的工作。與此同時，許多老闆又訴苦找不到稱職的員工，他們渴望找到像羅文一樣的「送信人」。

那麼，你會是一個合格的「送信人」嗎？

當你把工作視為人生負累，沉重的步伐會讓你寸步難行；你把工作視為自我投資，成長的雙翼會讓你展翅飛翔。美國石油大王洛克菲勒曾說：「如果你視工作為一種樂趣，人生就是天堂；如果你視工作為一種義務，人生就是地獄。」

願你做一個合格的「送信人」，享受工作的樂趣，抵達人生的天堂。

心裡的火永遠不要滅，
哪怕別人只能看到煙。

如何面對複雜的職場環境？

——從《精進：解讀曾國藩成事密碼》中學習成事法則

初入職場，工作環境複雜，我該怎麼辦？行走職場，如何面對職場「潛規則」？身心俱疲，作為職場新人，如何與焦慮和解？

每個人在踏入職場時總會面臨一段「尷尬期」，想要通關，或許你可以在曾國藩身上找到通關密碼。

作家熊太行曾說，每個職場上的王者，身體裡面都應該有三個靈魂：一個文臣，謹小慎微，考慮風險；一個武將，積極努力，謀求勝利；一個商人，精打細算，心中有數。

從這三個方面看，曾國藩算得上「一代宗師」。在《精進：解讀曾國藩成事密碼》（簡）一書中，作者胡森林用曾國藩的三十篇奏摺，為我們生動再現了曾國藩是如何從一個職場菜鳥，修煉到左右逢源、積極進取、進退有度的境界。

每個正在為工作煩惱的人，或許都能從中得到啟發。

意見要見效，分寸很重要

「臣竊觀皇上生安之美德，約有三端。而三者之近似，亦各有其流弊，不可不預防其漸，請為我皇上陳之。」

誰能想到，年過四十的曾國藩，還是一隻職場菜鳥。雖然青年入仕，但真正的職場暴擊，還要從一八五一年的這份奏摺說起。

那年，四十一歲的曾國藩向剛繼位的咸豐皇帝遞交一份措辭犀利的奏摺。批評他小事精明、大事糊塗，務虛多於務實，嘴上說著虛心納諫，行動卻未見半分。

咸豐皇帝看後血壓飆升，「怒擲其折於地」。雖然沒砍曾國藩的腦袋，但成見已深。後來曾國藩在基層辦團練，有成績的時候，咸豐皇帝尚能「你好我好」；一旦受挫，那是絲毫不留情面，太平天國稍一消停，就順勢把他擼回家。

曾國藩心裡委屈啊，自己一心為君，怎麼就落個「萬人嫌」的下場？這裡作者總結道：「聞過則喜」為難人，把握好分寸是正道。

網路上有個點閱率超過百萬的話題：主管如何看待不卑不亢的下屬？有一個許多網友都贊同的回答，大意是：不卑不亢沒有錯，但要「事事有回應」。自己在做下屬時，不僅工作上能為主管分擔，生活中主管需要幫忙的時候，她也能妥善處理。後來她做主管時，也會選擇這樣的下屬。

雖然不需要下屬提供花式吹捧類的情緒價值，但主管畢竟代表公司雇用了你的時間和能力，「做好服務」這個分寸還是要有。

再次出山的曾國藩，徹底轉變與主管的相處方式，也給我們帶來了三點啟示：

第一，不做「犬系員工」，不在討好主管個人上投入太多精力。對的即刻執行，錯的打個太極，先順著說，再依自己的思路分析，最大限度地實現自己的主張。

第二，不做「資訊黑洞」，也不製造「資訊冗餘」。工作問題勤彙報，把主管關心的問題講清楚，並提出解決方案，其他廢話少講，保持良好溝通。

第三，不在關鍵時刻「凸槌」。在涉及組織安全、利益榮辱的重大時刻，能全力以赴幫主管渡過難關。互相信任是向上管理的最高境界，但信任，永遠建立在分寸之上。

合作要有效，同盟很重要

「至楚軍圍攻安慶，已逾兩年，其謀始於胡林翼一人，畫圖決策，商之官文與臣，並遍告各統領。前後佈置規模，謀剿援賊，皆胡林翼所定。」

咸豐十一年，曾國藩的弟弟曾國荃的吉字營一舉拿下安慶。在這個重要的節點，曾國藩遞交了一份工作總結——《克復安慶省城片》。報告中提到了湘軍團隊的和衷共濟，特別提到盟友胡林翼的貢獻。

此時的曾國藩，已是人際關係的高手。特別是對於盟友，他主動讓利，盡顯誠意。職場中除了上下級關係，還有三種重要的關係：同盟關係、對手關係、中立關係。

同盟關係：目標相同，能力互補，講究的是利益公平、承諾兌現。

對手關係：目標競爭，實力相近，可能有衝突，但不要發展為敵人。畢竟競爭過後，還有可能合作。

中立關係：沒有直接的競爭與衝突，但人數眾多。維護這類關係可以通過適當刷存在感的方式，但不要刻意討好，不要在他們身上耗費太多精力。

在職場中，我們經常會聽到兩種聲音。一種是唯實力論：「我在職場上一直都是拼實力的。」前期的曾國藩就是這樣，不注意維護同僚之間的關係，結果處處有人耍陰招，搞得他焦頭爛額。

還有一種唯關係論：「關係是第一生產力，靠關係才能贏。」從網路上看到過這樣一個故事：一位新入職的女孩，外形和專業知識都比較出眾。但是工作一段時間後，部門對她的評價並不高。主管公開讓她「多把心思放在工作上」，同事則暗諷她是「心機女」。

原來女孩一入職，就打聽主管和核心人物的喜好，幫同事買早餐，幫主管端茶倒水，到處刷存在感。前面說到，對於中立關係的同事，正確的態度是多釋放善意，幫一些小忙，但不能投入太多的精力。把過多的精力投入到這種關係裡，不僅費力不討好，還會讓人質疑自己的專業能力，得不償失。

個人能力要勤加修煉，職場關係也要正確處理，兩手都要硬，才是真高手。

做事要成效，定位很重要

「大局所系，必應統籌，臣本未敢稍涉推諉，不必有節制浙省之名，而後盡心於浙事也。」

與十年前曾國藩那篇牢騷滿腹，要權不成反被打臉的奏摺相比，這篇咸豐十一年的《懇辭節制浙省各官及軍務等情折》，主旨與措辭就大為不同了。作者概括為：「前者要權，後者拒權；前者慕虛名，後者求實效；前者言辭尖銳，後者語言質樸。」

此時正是咸豐皇帝新喪，兩宮太后開始掌權。曾國藩在報告中誠懇地表示：主管的信任讓他感動，但用兵的關鍵重在人事關係和諧而不在崇尚權勢。所以職位就不要了，但他一定會與同僚下屬同心協力，共濟艱難。

這一舉動，讓新主管對他的印象非常好。即使沒有接受朝廷的擴權，曾國藩還是贏到支持。他知道自己擔任哪個職位，如何做，是最有成效的。

曾經看到過一個提問：四十歲，職場遭遇天花板，想換方向又顧慮上有老、下有小，怎麼辦？有個回答是：很多中年人在職場會有被卡住的感覺，是因為只朝一個方向看。在職業生涯的中期，我們有四個方向可以看：

一是向上看，看企業裡更高的職位或級別。

二是左右看，看其他職業或行業。

三是向內看，在專業領域獲得更高的水準。

四是向外看，跨領域，在職業外獲得平衡，愛好變成事業。

一提起職業發展就只會「向上看」，肯定會有被卡住的感覺。如果能朝其他三個方向看看，實現精準遷移，路就能越走越寬。

與其做那些看上去風光、實則不擅長的事，不如放平心態，把自己擅長的事做到極致。機會的本質是被需要，能找準自己的生態位，適應身邊的小環境，就一定會有更多的機會。

作者說曾國藩的職場沉浮，可以概括為四個字：在事上磨。磨人情練達，磨知識積累，磨處事能力，磨心性鬥志。現在，「〇〇後整頓職場」的說法很流行，但正如網友所言，看起來整頓職場的人，應該還不屬於真正的職場。當生活的壓力與責任重重來襲，我們無法瀟灑轉身時，曾國藩的「磨」字就有了意義。

職場關係難處理，或是遇到瓶頸期，我們都可以學學曾國藩。對中立者釋放善意，對同盟者給予誠意，不用「向上看」限制自己，而是三十年持續精進。當自身的能力達到一定程度，前方的豁然開朗，不過是水到渠成。

換個角度看問題，
把做一份工作看成打怪升級。

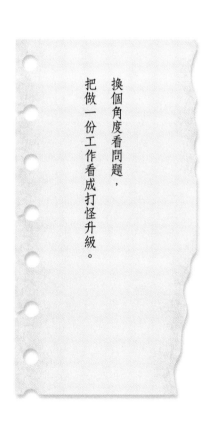

如何平衡工作與生活？

——從《跟錢好好相處》中找到人生的天平

要錢還是要生活？這應該是每個人都問過自己的問題。面對延遲退休和內卷環境，不少人想回歸鄉野，卻又擔心財力不足。是該堅持，還是該過閒逸生活？如果你正處於這樣的迷茫之中，希望《跟錢好好相處》這本書能給你一點啟發。

有位女生因為自製了一份「4500天退休倒計時日曆」，在網路上引起熱議。年僅二十四歲的她，就定下「提前退休」的目標，希望自己存夠一定數額的錢後，就不上班了。

其實，有這種想法的人，不只她一個。「九九六」模式的工作壓力，養老生子的經濟困境，讓越來越多的年輕人渴望提前退休，過不上班也有錢的生活。

錢和生活，真如魚和熊掌般不可兼得嗎？作家薇琪．魯賓卻說：「沒有財務自由，也能提前退休。」她把答案寫在了《跟錢好好相處》這本書裡。

這是一本出版於一九九二年，卻至今備受世界讀者喜愛的經典之作。這本書不僅帶火了FIRE（Financial Independence Retire Early，意指經濟獨立、提前退休）運動，還幫助無數人釐清工作、財務與生活的關係，擺脫職場和金錢奴役。讀完這本書你就會發現：原來，擁有鬆弛的生活，並沒有那麼困難。

你的收入，遠比你想像的低

一位座標北京的網友曾吐槽他月收入稅前兩萬，每天工作八小時，一個月二十二天，時薪一百一十三元，還不如一些打工族、兼職者賺得多。表面看好像很有道理，但再進一步考究就會發現，用收入除以工作時間這種薪資算法，只是理想的衡量方式。因為，我們為這份薪資所付出的成本遠遠不只於此。

你的生活是否有類似情景：為了工作，買得體的服裝，化精緻的妝容，坐兩小時的地鐵，吃便宜的外食；常因工作壓力，熬夜掉髮，精神不佳；久坐電腦前視力模糊，肩頸不適；到了周末節假日，還會用大餐、旅遊來犒勞自己。這些都是被忽視的隱形支出。

為了工作，我們付出通勤、治裝、餐飲等硬性費用，也承擔了過勞和內耗、減壓娛樂等軟性支出。這些隱形支出，恰恰才是一份工作所該考量的指標。

我曾問過朋友：為何會換一份薪資驟降、晉升空間也小的職業？他說原來的工作三天兩頭加班，導致他三餐吃飯時間不正常，還不到三十歲，身體就垮了一大半。如今，表面看起來薪資低了，但生活幸福感卻變強了。每天不僅能好好吃飯，還有時間去運動健身，漸漸調理好身體。週末也能培養個興趣愛好，生活多姿多彩，整個人都快樂了不少。

要記住，工作是為了謀生，而不是求死。俞敏洪曾說：「一個人一輩子最重要的是不能把一份工作只看作一份簡單的工作，因為你要把一半生命、一半人生的時間花在工作上。」真正聰明的人，會綜合考慮一份工作的含金量，巧妙處理好職場與生活的關係。所以，想要快樂的生活，就請先好好審視你的工作。

你的支出，遠比你想像的貴

三十一歲就財富自由的美國作家喬．杜明桂，曾在舉辦講習會時，向數以千計的人拋出問題：「錢是什麼？」

答案眾說紛紜，有人說錢是一種交換媒介、儲存手段，有人說錢象徵著地位、代表著影響力。可喬．杜明桂卻認為，金錢是我們出賣自己的時間，用生命能量去換取的東西。

我們常常以為自己的時間不值錢，所以願意用它去交換金錢，卻忽略時間的實質，它代表著我們寶貴且有限的生命。當你的時薪是一百元時，買一張五十元的電影票，就用掉你半小時的工作時間；吃一頓三百元的晚餐，則要工作三個小時才能賺回來；住一晚八百元的飯店，意味著你要純勞動整整一天！

《跟錢好好相處》裡說：「搞清楚金錢就是生命能量，會讓你成為金錢的掌控者。」當你認真地衡量起生命能量時，才會看清物品的真正價值。當你理解物品與時間的交換本質，就會改變消費觀，更謹慎地使用每一分錢了。

一位網友曾說：「其實人要活著是很簡單的，有吃有喝有睡覺的地方就行了。

真正花錢的是人為了對抗虛無做的事，比如化妝、旅遊、奢侈品、賭博、菸酒……」明白這點後，她摒棄掉不利於健康和被消費主義迷惑而喜歡的事情，也不執著於購買只有擁有那刻才會快樂的物品，會儘量不外食、不買小東西，逛街也只是單純地逛街。

老話說得好：「吃不窮，用不窮，不會盤算一世窮。」看看你周圍的物品，到底有多少是真正值得你購買的？又有多少讓你後悔付出的高昂時間成本？然後從現在開始，試著重視你的生命，認真對待辛苦賺到的每一分錢。

重塑認知，不做金錢的奴隸

作家松浦彌太郎說過：「沒有比思想定型更危險的事了。」人活一輩子，都要跟金錢打交道。如果沒有妥善處理好與金錢的關係，勢必會影響到正常的生活。那麼該如何修正自己的金錢觀呢？《跟錢好好相處》這本書裡，就提供了我們完整的解決步驟。

• 第一步：坦然接受過去

無論你當下的經濟狀況如何，都請坦然接受現實。認真去核實你迄今為止的人生總收入，列出你擁有的和欠下的一切，做到對自己的經濟情況瞭若指掌。

• 第二步：活在當下

算算你真正的時薪是多少，重新考慮現在的工作給你帶來的價值與損害。同時，使用記帳本來追蹤記錄進進出出的每一分錢，從而更好地瞭解自己的收入明細與支出偏好。

• 第三步：製作月度表

根據第二步裡算出的實際時薪和記帳本的支出情況，計算你一個月所花費的「生命能量」有多少，實際上花在哪裡，然後製作成一份月報表。這麼做，會讓你對金錢的花費，有更直觀的視覺感受和更強烈的心理衝擊。

• 第四步：思考能改變你一生的三個問題

我獲得的充實感、滿足感和價值與花掉的生命能量相稱嗎？這種生命能量消耗與我的價值觀念及人生目標一致嗎？假如我不必為了掙錢而工作，這項花費會有什麼變化？常問自己這三個問題，進行深度思考和消費模式的調整，能讓我們的金錢觀與人生觀更趨於一致。

• 第五步：讓生命能量清晰可見

製作一幅很大的掛圖。把月報表上的每月總收入和每月總支出資料繪製上去，然後把它掛在你每天都能看到的地方，提醒自己專注於改變。

• 第六步：珍惜你的生命能量，儘量減少支出

明智地使用金錢，從記帳本上發現並減少那些不必要的支出。要知道，人生中有很多幸福，不是非要依靠花錢才能得到的。

• 第七步：珍惜你的生命能量，盡量增加收入

想讓你的口袋鼓起來，「開源」與「節流」缺一不可。因此，我們要重視自己的工作，不斷更新專業技能，精進各項本領，利用一切資源，想方設法地去提高收入。

• 第八步：資本與交叉跨越點

等你的資產由負轉正之後，就可以考慮透過投資來進一步增加收入了。此時，在掛圖上單獨畫出一條每月投資收入線，這意味著我們要開闢出一條新的增收線路了。

• 第九步：通過投資來維護財務自由

認識和掌握投資的技巧，能讓你擁有一份被動收入，最後達成「不上班也有錢」的人生。

錢是生活中不可或缺的工具，而非我們生命的主宰。正如書中所言：「我們一生所遇到的多數難題，單靠錢是解決不了的。事實上，錢只是快樂、健康人生的附屬品。」

正確處理自我與金錢的關係，是每個成年人的人生必修課。

> 生活不是為了趕路，
> 而是為了感受生活。

第五章　生活篇

——人生自在

人生有標準答案嗎？

——從《湖濱散記》中尋找新的生活方式

如果你覺得生活節奏很快，總是感到焦慮；如果你不喜歡社交，又害怕獨處；如果你不知道美好的生活狀態應該是什麼樣的……在《湖濱散記》裡，或許你可以找到答案。

不知從何時起，很多人都陷入了一個「怪圈」。讀書時要力爭上游，積極表現，為將來做準備；二十出頭進入社會，一定要進別人眼中的「好公司」；到了三四十歲，又生怕被同儕落下，想賺更多的錢，有更高的職位……

如果所有人只追求一種生活範式，那麼可走的路不僅沒幾條，還會很擁擠。這樣走下去的結果，只能是越活越累，越累越焦慮。當社會給出「成功範本」，人們也只能在外界的審視下，拚命活出「該有的樣子」。但是，也總有一些人掙脫出所謂的社會標準，追尋自己心之所向的生活。

早在一百多年前，美國作家梭羅在《湖濱散記》中說：「從圓心能夠畫出多少半徑，就有多少生命的途徑。」圓有無數條半徑，人生也該有無數種選擇。

被「成功學」裹挾的你，一定很累吧

網路上有人問：「人是怎麼做到每個年齡段都累的？」很多人回答：「因為每個年紀，都有每個年紀該做的事。」成功學氾濫的今天，人「該做」的事太多。彷佛哪一步沒跟上，就會被甩出時代浪潮，被貼上「魯蛇」的標籤。可是事實上，越是盲目追隨其他人的腳步，越容易迷失方向。

梭羅在去瓦爾登湖之前也曾努力地想「成功」，結果卻令自己身心交瘁。

他於一八三三年考入哈佛大學文學院，夢想畢業後能走上文學之路。但當時的美國，正值經濟成長期。社會只青睞「能賺錢」的人，根本看不起他這樣的文學青年。於是畢業後，梭羅和哥哥開了一所私立學校，後來又和父親一起經營家族產業。他每天忙於應酬，又要操心生意，整個人疲憊不堪。更令他難過的是，他根本沒時間讀書寫作，生活一點樂趣都沒有。

還有那麼幾年，梭羅去社會上工作，先後做過編輯、督察員。然而，當編輯時的他不被主編認可，當督察員又慘遭淘汰。可以說，年輕時的梭羅和你我一樣，過著麻木又疲憊的日子。

正如當年被社會各種俗務所累的梭羅，現在很多人不也受困於「標配人生」嗎？你想朝夢想進軍，可是在別人的勸說下，還是做了不喜歡的工作；你想過小富即安的日子，卻又在與同齡人的攀比中，拚命去賺更多的錢……

很多時候，走上所謂的「成功」之路，並非我們的本意，是焦躁的時代裡，一股股莽撞向前的浪潮，將你我裹挾。我們不敢違逆潮流，不敢活成另類，更不敢面對真實的自己。最終，都迷失在喧囂中，被加工成同樣可憐的樣子。

成功沒有標準答案，人生也一樣

在《湖濱散記》中，梭羅講述一位很有趣的朋友的故事。他是個貧窮的樵夫，獨居在森林的木屋中。他一窮二白，無權無勢，是眾人眼裡的失敗者，可是他卻活得無比自在、幸福。梭羅問他：「這樣生活不會無聊嗎？」樵夫說：「能在這裡砍柴我就很開心了。」

樵夫會用木頭做各種小玩具，和林子裡的小動物一起玩鬧，小鳥會落在他的掌心吃豆子，浣熊會躲到他的屋裡烤火。他的朋友不在人群中，而是自然界的生靈；他的財富也不是真金白銀，而是內心的歡喜。

講完樵夫的故事，梭羅感慨：「人們稱讚和認為成功的方式，只不過是生活中的一種。」真正的人生，應該像大自然的物種一樣，具備多樣性。梭羅告訴我們，每個人都可以有屬於自己的生活，只有真正明白這個道理的人才能勇敢掙脫枷鎖，打造出自己的人生天地。

一次和朋友小陳聊天，得知他剛辭去高薪工作，在家做起了自媒體。起初我很是不解，但聊著聊著，我才明白，小陳的辭職並非一時衝動。他在公司上班時，因為行業競爭太激烈而全年無休，天天熬夜，每天被「末位淘汰」壓得喘不過氣，身體一天不如一天。不到三十歲，他就開始掉頭髮，還罹患脂肪肝。

後來，他捨掉無用的面子，下定決心活出生活的裡子。經過一段時間的摸索，他打造起自己的平臺，雖然賺不到大錢，但能養活自己。最主要的是，他不再焦慮迷茫，活得非常自在。

每個人的生活軌跡不同，在陽光大道上奮力前行是對的，在羊腸小徑上欣賞風景也不是錯。豆瓣有個叫「逆社會時鐘」的小組，裡面有的人二十歲去山上隱居，有的人三十歲辭掉大廠的工作去農場摘藍莓，有的人四十八歲考大學，有的人六十歲開始學畫畫……

生活沒有標準答案，成功也沒有標準定義。只要一直不放棄對生活的熱愛和對夢想的追求，哪怕不依眾人眼中「標準」的路線走，我們也能過上精彩的「自訂人生」。

真正的幸福，需要的東西並不多

詩人愛默生曾說：「沒有哪個美國人，比梭羅活得更真實。」

當眾人在「拜金主義」的奴役下，把自己活成賺錢機器時，梭羅卻能捨掉欲望、放下名利，依自己喜歡的方式去生活。在書裡，梭羅詳細記錄了隱居生活的妙趣。每每讀來，總令人羨慕不已。

一八四五年七月到一八四七年九月，梭羅住在瓦爾登湖畔的小木屋中。這兩年時間，他擁有的東西很少，吃的東西很粗糙。幾乎不賺錢，花費更是少之又少，兩年來才花了八美元。

然而，這種外人眼裡的清苦日子，才是梭羅真正嚮往的生活。白天，他蕩舟湖面，看湖鳥戲耍；或是在林中獨行，撿木材、野果回家。晚上，他要嘛安靜地看看書，寫寫日記；要嘛就去外面走走，感受那種極致的靜謐。

瓦爾登湖的冬天很冷，梭羅會在屋裡燃起爐火，思考、寫作；夏天來臨時，他則會漫無目的地在野外閒逛，或是走很遠的路去拜訪友人。他就這樣在大自然的四季輪轉中，活出了自己想要的生活。而撐起這種生活的不是巨額財富，是他內心的豐盈與骨子裡的勇氣。

反觀很多人，擁有的遠比梭羅多，卻活得索然無味。被物欲綁架的人，所認準的成功往往是有房有車，有名有利，有花不完的錢。但利益相爭的世界裡，有多必有寡，有富必有窮，有成必有敗。不管你多努力，總有比你更出色的人，這便是我們焦慮的根源。

真正的成功到底是什麼？怎麼才能令自己幸福？梭羅早已給出了答案。那就是不做欲望的奴僕，跳出世俗的框架，不羨慕別人的所得，跟隨自己的心去走自己的路。豆瓣上曾有人問：「大家為什麼不停地閱讀《湖濱散記》？」有人這樣總結：「《湖濱散記》是梭羅搭建的一處避難所。每當你累了或煩了，隨便翻開一頁，便能暫時遠離現實中的焦慮。」是梭羅讓我們看清一個真理：在別人的地圖上，你永遠找不到自己的路。只有從心出發，人才能走到自己想去的地方。

如果生活是一張考卷，關於成功的答案，絕不會框死在一個狹窄的範圍內。因為人和人本就不同，我們都有各自的感受與追求。與其被統一加工成「不快樂」的成功者，倒不如像梭羅一樣，做獨特又快樂的自己。活成原野上的樹，大膽地長出自己的形狀，過上自己想要的生活。聲色犬馬，從來不是人生的標配。成功只有一種，就是依自己喜歡的方式過一生。

盡情享受人生每一個清晨和日暮，
平凡中也會有不期而遇的驚喜。

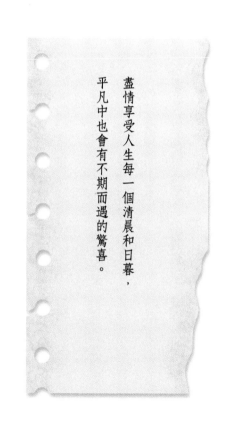

如何度過生活中空虛的時光？

——從《毛姆閱讀課》中找到充實內心的方式

書籍不但能治癒生活中的苦，更能治癒靈魂深處的苦，如果孤獨的人想找個伴侶，書籍一定是心靈上的最佳陪伴。毛姆的《毛姆閱讀課》，讓我們從書中找到路，在閱讀中看到路在腳下延伸。

一八八四年，剛滿十歲的毛姆因父母雙亡被送去叔叔家寄養。叔叔異常殘暴，經常毆打毛姆。每次被打後，毛姆都會躲進那間藏著幾十本書的儲藏室。因為只要開始閱讀，無論受多大委屈，他都可以靜下心來。

毛姆說：「培養閱讀的習慣，就是為自己構建一座避難所，讓你得以逃離人世間幾乎所有的痛苦與不幸。」讀過書的人，不會被逆境輕易擊垮。生而為人，我們都像一條小船，在命運中漂泊，當生活的狂風猛烈地吹向你，書籍是隨時避風的港灣。

總有一本書，為你消解人生的苦

毛姆曾十分感慨地提起過作家福樓拜的一段往事。

福樓拜本來家境優渥，和家人過著安穩日子。可是一個雨夜，他發生嚴重車禍，等他醒來，他被告知這輩子都要帶著泄液線生活，而且再也不能喝酒吃肉。當他終於熬過漫長的恢復期，厄運卻再次降臨。第二年，父親和最疼愛他的姐姐相繼離世。一連串的打擊，把福樓拜打入痛苦的深淵，他把自己鎖在家，整日埋頭苦讀，以此逃避悲傷。

沒想到，書竟使他產生奇妙的感覺。他漸漸懂得，每個人都會經歷絕望，並不是只有他內心有傷。他開始不再感到孤單，也慢慢釋懷了一切遺憾。

生活會刁難每一個人，但只要你願意，總有一本書，能為你消解人生的苦。焦躁難安時，書籍會安撫心緒；彷徨無助時，書籍是最好的嚮導。一位網友曾分享過自己的成長經歷：她家境貧寒，父母離異，從小就輟學打工，吃盡生活的苦頭。本以為人生就此荒廢，沒想到卻意外接觸到成人自考（自學後參加專業單科考試），開啟讀書救贖之路。除了鑽研教材，她還廣泛涉獵。經過如饑似渴的閱讀和學習，她取得北京大學心理學學位，還順利申請到讀研機會。

人生是片苦海，當生活的航船被洶湧的浪頭打翻，誰都會驚慌失措。但別忘了，這世上，人會拒絕你，事會為難你，但書不會。不管你現在正在經歷什麼，一旦你撞開讀書這扇求生門，生活會一瞬間被希望點亮。

終其一生，我們都在書中尋找失散的靈魂

毛姆年輕時，曾因感情問題陷入痛苦，整日失魂落魄。百無聊賴之際，他翻看了《咆哮山莊》，立刻被書中的愛恨糾纏吸引。看到最後，他忽然頓悟：人不應被情愛困住，要做自己靈魂的主人。從那之後，他放下舊情，看淡遺憾，重新燃起對生活的熱情。

書籍，不單單是生活的避難所，更是靈魂的棲息地。當你被拋棄或被否定時，書籍會像個老朋友，給你心靈上的陪伴。特立獨行的人，會在書中找到同類；格格不入的人，會在書中得到共鳴。讀書不僅是在讀人生百態，也是在閱讀自己，

尋找靈魂。

看過一個網友分享。他說自己一直是大家眼中的「怪咖」，獨來獨往，很不合群。在外人看來，他可憐得很，但實際上，他卻過得比誰都愜意。無論去哪座城市工作，他都會把家打造成小型圖書館。每到週末，他就會泡上杯茶，安靜地看書。他說：「我的生活看似枯燥，但內心從未枯竭。」

讀書的目的，不在於幫你賺到多少錢，而在於給你一種內在力量，幫你走出現實的迫近，領略時空的浩瀚。而心靈，就在這浩瀚的體驗中，被慢慢浸潤滋養。

在閱讀中，遇見更好的自己

高爾基說：「學習不等於模仿，而是掌握技巧和方法。」任何事情，都需要刻意練習，讀書也不例外。在《閱讀是一座隨身攜帶的避難所》裡，有很多毛姆自己獨到的讀書方法。學會這些方法，於閱讀大有裨益。

1. 跳讀：聰明的讀者，都具備跳讀的技能

很多人都有這樣的困擾：大部頭的書沒時間看，很多書看了個開頭就丟在一邊。毛姆也有此困惑，比如看《紅書》時，他就總想放棄。但後來，他發現「跳讀」是個好辦法，就把《紅書》跳著通讀了一遍。

毛姆說，讀書要跳讀與精讀相結合。不是所有的書都值得逐字閱讀，略顯粗糙的書，做到大致流覽即可；而具有巨大文學價值，或是真心喜愛的書，就需要花時間精讀。

跳讀，著重看脈絡和重點章節；精讀，則要在思考中慢慢來。牢記一點，讀書不是任務，沒必要逼自己。

2. 悶讀：為快樂而讀書

好奇心和求知欲是讀書的動力，解惑往往是閱讀最常見的目的。帶著好奇心，為了快樂而讀書，才是達成長期閱讀的秘訣。

有句話說得好，喜歡的事自然可以堅持，不喜歡怎麼也長久不了。讓讀書變

成快樂的事，才能與書籍成為畢生的朋友。

3. 聽讀：跟隨高人的腳步，你將讀到更多好書

網路上有人問：大家都是怎麼找書看的？一個回覆說：很簡單，找高人要一份必讀書單。閱讀達人的推薦，是我們遇見好書的捷徑之一。

毛姆就是在哲學家庫諾．費舍的帶領下，開啟了哲學的閱讀之旅。有個公式推薦給大家：自己的書單＝別人的推薦＋自己的興趣。

4. 廣讀：沒有一本一勞永逸的書

一個國王下令讓人為他找出一本全世界最好的書。沒想到大臣們最後竟找出五千本書，每一本都不可取代。

毛姆說，這世上，根本沒有一本讓人看了一勞永逸的書。讀書不是功利性的事，我們不能奢望讀一兩本書，就擁有智慧。別局限在某個領域，拓寬讀書的邊界，才能擴大自己的認知領域。

5. 寫讀：用輸出帶動輸入

高效的學習，有輸入更要有輸出。讀一本書，可以寫讀書筆記、心得隨筆、解讀分析，也可以與人討論，參加學術研究。

網路時代，各大社交平臺都可以成為你的寫作大本營。想要讀好一本書，離不開即時複演，大膽輸出。

成為作家前，毛姆曾做過實習醫生。見證無數生離死別後，他陷入迷思：「人活著的意義，到底是什麼？」直到有一天，他在一本書中找到了答案——人，為了真善美而活。而它們不在別處，恰恰就隱藏在一本本書中。

讀書，是破局之法，讓人有了擺脫命運桎梏的可能；讀書，是修行之道，讓人看見自己，找到靈魂。

在心中種花，
人生才不會荒蕪。

如何面對人生的孤獨？
——從《呼喊與細雨》中得到的修心祕法

如果你時常感覺在自己的身邊找不到同類；時常感覺自己不被周圍的人理解；時常感覺自己欲說還休、無所傾訴……余華的這本《呼喊與細雨》或許能讓你找到心靈的共鳴。

余華說：「再也沒有比孤獨的無依無靠的呼喊聲更令人戰慄了，在雨中空曠的黑夜裡。」無數個黑夜，他逼自己陷入一個孩子的回憶，寫下第一部長篇小說——《呼喊與細雨》。

書裡講一個父母不愛、兄弟不喜的少年，在友情的邊緣反覆試探，一次次被排擠孤立卻又堅強站起，最終與生活和解的故事。主角在細雨中呼喚親情、友情的模樣，像極了在茫然無措中，渴望著溫暖的我們。人的一生總會遇到疾風暴雨，但當你強大起來，那些淋過的雨，也都會悄悄地滋潤著你。

你總要一個人，嘗遍孤獨

主角孫光林，是孫家的第二個孩子。他的出生，緣於父親對母親的一次暴力折磨，不甚光彩，因此，孫光林也被家人厭棄。六歲那年，因為家庭貧困，父親將他送給鎮裡一對沒有子女的夫婦。十二歲，養父自殺，養母棄他而去，孫光林再次成為沒人要的小孩，不得不重回原生家庭。

他的回歸，也再次成為孫家的累贅。父親將他視作不祥之兆，本能地排斥他，母親也忽視他；兄弟們都討厭他，連帶村裡的孩子們也一同疏遠他、欺負他。孫光林就像寄居在家裡的過客，每天孤身一人。

上了中學，他終於交到了一個朋友——蘇宇。但蘇宇卻因一次性騷擾而被判勞改。蘇宇出獄後，幾乎所有人都唾棄他，親生父母更是對他橫眉冷對。出獄不久，蘇宇因腦血管破裂死於家中。朋友的離世，再次把孫光林推進孤獨的深淵。

可在這部以「孤獨」為主題的書中，艱難成長的又何止孫光林。他童年的夥伴國慶，母親去世後又被父親拋棄，只好與一位神經質的老太太相伴；長大後的忘年交魯魯，母親被送去勞改，六歲的他風餐露宿，無以為家。互相陪伴的時光，仿佛只是人生的零星點綴，大多時候他們都在各自踽踽前行。

現實中的人們似乎也是如此，有的人孤單下班，披星戴月；有的人在便利店裡孤獨吃飯，顧影自憐；有的人咽下工作的委屈，悄悄躲著痛哭；有的人獨自背著生活重擔，咬牙苦熬……

無論我們出生成長，還是相愛分開，孤獨是生命永恆的狀態，無從選擇也無法避免。沒有人能陪你走完全程，能偶遇同伴已是幸運；也沒有人能完全與你感同身受，能略懂一二便是福氣。你終歸要一個人，嘗遍所有人生滋味，孤勇前行。

盲目合群，不如獨行

為了擺脫孤苦無依的處境，孫光林不顧一切想融入集體中去。

他曾經試圖親近家人卻未果，雖然一開始很難受，但久了發現，他和他們根本不是一路人。他的父親不忠不孝、劣跡斑斑，母親沒有底線、一味隱忍，兄弟之間更是充斥著謊言和暴力。

弟弟逞能救人溺水身亡，父親卻第一時間把自己宣傳成「英雄父親」，幻想著借此飛黃騰達。還因為怕別人的眼光，強行拉他一起「表演和睦家庭」。孫光林冷眼看著利益面前的親情，淡薄成一具軀殼。

在學校裡，孫光林也曾嘗試結交「校園紅人」蘇杭。儘管內心不恥，但還是跟著他們，刻意模仿他們。可悲的是，孫光林對於蘇杭從來都可有可無。為了吸引喜歡的女生，蘇杭會追打孫光林，對他做各種過分的事。

在同學們的歡叫聲中，淚水模糊了孫光林的雙眼。此時，他內心的屈辱感，遠遠勝過對孤獨的恐懼。經過這次打擊，孫光林又陷入孤獨，但他感激蘇杭將他打醒，讓他懂得：「我不再裝模作樣地擁有很多朋友，而是回到孤單之中，以真正的我開始了獨自的生活。」

孫光林一次次嚮往熱鬧，卻一次次觸碰人性。虛偽親情說斷就斷，泡沫友誼說散就散，丟不掉的依然是孤獨感。說到底，向外界尋求依靠，還是因自己不夠堅強，不夠成熟。幻想著用別人的熱鬧填補內心空白，在討好迎合下丟棄掉自身，何嘗不是在看輕自己？

當你委曲求全地假裝與他人合流，建立膚淺關係，不過是把自己拉入一個無效且無用的「偽」熱鬧中。生活並非因繁華而精彩，與其為了合群過庸俗的日子，不如靜靜品味一個人的自由與歡愉。人生可以寂寞，但不能失控。

能承受孤獨，才能變得強大

長久以來，被拋棄、被冷落、被排擠的遭遇讓孫光林心中壓抑著憤懣和絕望。在家人身上，他看到了自己並不光明的未來，在一次次的思量中，他決定不再靠近，而是逃離。

通過不懈的努力，他順利讀完高中，考上大學。他因強大的內心而學會自癒，還學會用溫暖的感情治癒他人。

後來，孫光林遇見了魯魯——一個可憐的小男孩。十八歲的孫光林耐心做起六歲魯魯的朋友，給予關懷。一次，魯魯虛構的哥哥被其他小朋友拆穿嘲弄，孫光林站了出來，當著其他孩子的面，大聲對魯魯說：「我就是你的哥哥。」他保護著被排擠、被孤立的魯魯，如同安撫著童年的自己。

後來，父母接連去世，朋友紛紛離開，孫光林成為真正意義上的「一個人」。但此時，他已能拋卻心中的恐懼，重新理解這個複雜的世界。

正如余華在自序中所寫的那樣：「將那些毫無關聯的往事重新組合起來，從而獲得了全新的過去，而且還可以不斷地更換自己的組合，以求獲得不一樣的經歷。」

旁人的冷漠曾帶給孫光林巨大痛苦，但是當他選擇與過去和解，不甘的心也漸漸平靜，受過的傷也漸漸痊癒。有些黑暗必須自己穿越，有些痛苦必須自己治癒，有些悲喜必須自己撫平。而後你會發現，再沒有比獨處的時光，更能令一個人的內心變得強大。

每個人的心裡或許都同余華一樣，曾住著一個這樣孤單、脆弱的少年，對著這個無法置身其中的熱鬧世界，悻悻地說：「熱鬧是他們的，我什麼也沒有。」而少年長大終歸會發現，想要擺脫內心的荒蕪，既不是去逃避現實，也不是強行將自己從中抽身而出。真正應該做的，是從容迎接命運帶給我們的一切，做好自己該做的事，走自己該走的路。

那些無法摧毀你的，不僅使你成長，更能使你強大。而當你足夠強大，能夠獨當一面的時候，你會發現，過去看似凶神惡煞的世界，也會突然變得溫文爾雅。

人生最好的境界是豐富的安靜，
這種境界，唯有獨處時才能到達。

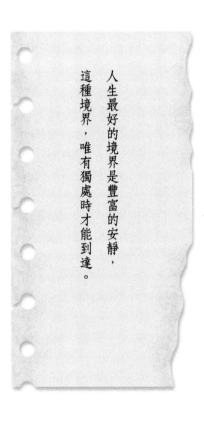

你真的需要那麼多東西嗎？

——從《斷捨離》中看清人與物質的關係

現代社會中，越來越多的人都在講要「斷捨離」，到底什麼才算有效的「斷捨離」？在《斷捨離》這本書中，或許你可以找到想要的答案。

你是不是也這樣：衣櫃塞得滿滿當當，仍覺得還少一件衣服；物品沒消耗完，卻忍不住多囤幾樣；打掃家裡總能翻出各種被遺忘，甚至是過期的東西；明明生活在物質豐饒、什麼都不缺的時代，很多人對物品的佔有欲卻依舊有增無減，甚至到了癡狂的地步。

但生活真的需要這麼多東西嗎？來自日本的「斷捨離」創始人山下英子認為：「其實，我們只需要選擇和當下的自己相稱的東西就足夠了。」物品生來就是為人所用。如果有一天，你發現它儼然成為空間的使用者，那麼就要警惕自己是否落入物欲膨脹的困局裡了。

作家毛姆曾說：「要記得在庸常的物質生活之上，還有更為迷人的精神世界。」當我們開始做物質的減法時，也是在重新思考自己人生真正的所求所需，於是精神的加法就開啟了。

山下英子認為「清理廢棄物」只是「斷捨離」的敲門磚，我們最終的目的，是要通過「斷捨離」來撼動自己根深蒂固的「物品價值觀」，促進生活和生命的新陳代謝，從而迎來煥然一新的人生。

每一樣物品都是我們內在思考的折射。你越無法放手的東西，越代表你的執念所在。為了讓大家更清晰地理解山下英子的「斷捨離」心得，下面提煉出「3＋3＋3」的數字重點。希望你閱讀完之後，可以擺脫物欲的禁錮。

3類無法放手的人群

- **第一類：逃避現實型**

這類人多半是對家庭帶有不滿，於是以家裡環境混亂為理由，不處理甚至不回家。

一位結婚三十年的女士，以平日要去工作、參加聚會等為由，對待家務敷衍了事，以至於家裡逐漸堆滿雜物。在接觸到「斷捨離」概念後，她開始行動起來。整理時，她發現兩個箱子，才想起十年前本打算結束這段婚姻。可是這兩箱陪嫁衣物，讓她想到父母和孩子，就猶豫了。於是只能頻繁外出，避開丈夫，不知不覺間蹉跎了歲月。想明白後，她扔掉它們，跟丈夫離婚，還給自己一個自由的靈魂。

• 第二類：執著過去型

這類人收藏了很多能喚起回憶的物件。他們覺得丟棄這些物品是一種不尊重、不禮貌的行為，卻沒發現自己深陷在回憶的泥潭，丟掉向前的勇氣。

長期堅持斷捨離的幸小姐，能夠輕鬆整理衣物，卻對櫥櫃裡的一套餐具無法割捨。其實這些餐具她都不大喜歡，但因為是婆婆送的，就任由它們在櫥櫃擠了二十年。

慶幸的是，她終於鼓起勇氣收拾櫥櫃。過程中，幸小姐意識到自己太顧慮別人的看法，忽略了自己的內心。這一次，幸小姐不僅處理掉那些餐具，也卸下了人際中不堪重負的壓力。

• 第三類：擔憂未來型

這類人熱衷於為未來做準備，即使物資充足，依舊忍不住買、買、買，總覺得將來的某一天會用上，而這恰恰反映了他們內心的焦慮不安。

順子小姐斷捨離時，最難處理的是數量驚人的開運擺件。一開始她不認為它們多餘，直到反思才發現，留著它們是因為自己內心深處對未來充滿惶恐：擔憂財務、苦惱人際、缺乏自我肯定……在深刻理解了自己的物質觀後，順子果斷地斷捨離那些擺件，以此斷開那些不停擔憂未來的想法，然後從當下好好經營生活和精進自己，以更強的底氣去生活。

誠如山下英子的總結：「『斷捨離』並不是簡單的處理雜物、拋棄廢物，收納物品。」每一件物品都包含了我們的想法和情感，每一次斷捨離都是對大腦的清零和重啟。學會透過無法割捨的物欲，反思人生問題，找到新的出路，這才是真正的斷捨離。

3條軸線

• 首先是時間軸

當我們在進行斷捨離時，要把時間放在當下，也就是考慮這件物品是不是當下適用的，而非過去或將來。

例如，這件衣服你以前很喜歡穿，現在卻閒置很久，那就可以大膽地捨棄它；想著為客人到來準備的碗筷，實際上一年也用不上幾次的話，也是可以處理掉的。

• 其次是關係軸

在考慮一件東西的去留時，如果你是以它還能不能用為判斷標準，說明物品在你的生活中早已經反客為主了。

千萬要牢記：物品的存在就是為了給人類使用的。所以判斷一件物品的價值，是我需不需要用，而非這件東西能不能用。釐清人與物品的服務關係，會幫助我們做出選擇。

• 最後是空間軸

「斷捨離」不是教人一味地扔東西，而是讓我們學會和物品之間保持舒適的相處關係。我們最終追求的，是將物品的量鎖定到適當程度，把生活空間保持在舒服的狀態，維持好房子的乾淨、衛生就足夠了。

我們可以借鑒山下英子提出的「七－五－一」收納法。即看不見的收納空間中，物品最多七成滿；看得見的空間中，物品最多五成滿；展示性的空間中，物品最多一成滿。比如衣櫃這種有門的「看不見的收納空間」，就留白三成；而玻璃櫃這種可視區域就留一半空間；具有展示意義的地方則只放一成的擺件。

3個原則

在考慮跟任何一件物品的關係時，都可以用「需要、合適、舒服」這三個原則來判斷。

在做斷捨離的第一步「斷」時，我們就在每一次購物時用「需要、合適、舒服」這三個原則來篩選物品：如果這件物品不是當下就有用，不買；如果這件物品對自己實際用處不大，不買；如果這件物品自己並沒有特別喜歡，不買。

也就是說，唯有同時滿足「需要、合適、舒服」這三個條件的東西，才是值得我們入手的。同理，我們在做「捨」的時候，也是依據這三個要點，將那些對我們來說不必要、不合適、不愉快的物品丟棄。

不妨試著以場所為單位，從你最沒有壓力的地方開始「斷捨離」，循序漸進到執念最深的地方。比如這周整理客廳，下周整理廚房，再接著整理臥室、書房……最後，透過對物品一進一出這兩個重要關口的把控，我們就能慢慢斬斷物欲，甚至進一步洞察內心，找回真正的自我。

很喜歡關於《斷捨離》的一句書評：「扔掉看得見的東西，改變看不見的世界。」有時候，撬動我們命運齒輪的，並非什麼驚天動地的變化，而是身邊那件不起眼的小事。正如你下定決心開始踐行「斷捨離」時，就已經迎來整理人生的契機。

最高級的斷捨離，
是整理自己的內心。

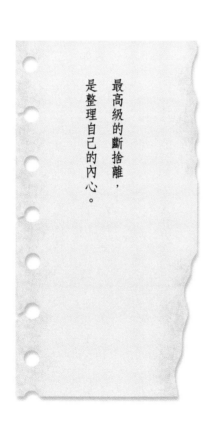

如何獲得對生活的掌控感？

——從《被討厭的勇氣》中感受當下的自由與幸福

你是否常常感覺無力改變自己的狀態？你是否時常因為複雜的人際關係感到疲憊？你是否總是陷入自卑或痛苦？《被討厭的勇氣》裡說：「人不是缺乏幸福的能力，而是勇氣。」

當你覺得自己離幸福很遠時，或許可以從這本書裡找到答案。

拿破崙曾說：「我有一個忠告給你，做你自己的主人。」掌控自己的人生，是我們個人成長中繞不開的課題。

在《被討厭的勇氣》中，作者告訴我們最重要的也正是這一點。世界紛紛擾擾，但都不應該成為我們感到不幸福的原因。活在當下，內心強大，就無懼一切。

你的幸與不幸，皆是自己的選擇

《被討厭的勇氣》裡有一位年輕人，因為小時候在家受到父母的虐待，產生心理創傷，成年之後變得排斥出門，厭惡社交。他為自己的遭遇哀歎，覺得童年的不幸毀了自己的一生。

然而，被譽為「自我啟發之父」的心理學大師阿德勒認為：「決定我們自身的不是過去的經歷，而是我們自己賦予經歷的意義。」因為，如果我們一直依賴原因論，就會永遠止步不前。

生活中，不少人都有過類似的遭遇。他們總是把自己當下的困頓，歸咎於過去不好的經歷。有的人甚至成天只顧著抱怨，對眼前的苟且卻無動於衷，不去做任何改變。

但也有人把逆境當成人生難得一遇的機遇。認識一對夫妻，二〇世紀九〇年代，在人到中年時，他們雙雙下崗。夫妻倆先是跟親戚借錢，在老家做小本生意。不料，因為毫無經驗，沒過幾個月就虧得血本無歸，還欠下一筆債款。

他們只好背井離鄉，用身上僅有的錢買了一輛早餐車，不管陰晴雨雪，每天凌晨三點起床賣早餐。那是一段異常艱辛的時光，強大的體能勞動和巨大的心理壓力，迫使夫妻倆拼盡全力。

三十年後，這對夫妻都年過七旬，再回想起這段往事，他們沒有任何抱怨，而是選擇給這段艱難的經歷注入溫情的回憶。

用他們的話來說，當時如果不是遭遇那麼大的人生難題，就不會體會到苦難時的夫妻情深，自然也沒有機會發現，自己竟然還有能力把生意做大。

同樣是遭遇人生逆境，不同的心態，竟然有截然不同的境遇。正如《被討厭的勇氣》中說的那樣：「決定完美自身的不是過去的經歷，而是經歷賦予了人生的意義。」而賦予過去的事情什麼樣的價值，這是「現在的你」所面臨的課題。

你的好與不好，皆因自己的心態

在《被討厭的勇氣》書中，一位青年向哲人傾訴自己的苦悶，他非常討厭自己。因為青年有一個哥哥，從小到大不但成績優秀，而且什麼事都很精通。相比哥哥，青年卻顯得平凡無奇，不論做什麼事情，都贏不了哥哥。這讓他常年生活在深深的自卑感中，總感覺被壓抑、被忽視。

對於青年的遭遇，哲人勸解：為什麼不讓自己從「競爭的怪圈」中解放出來？要知道，與其和周遭的人和事為敵，不如借用雙贏思考，把所謂的「競爭對手」當成合作夥伴，大家一起達成能力的提升。

試想一下，如果我們把他人的幸福看作「我的失敗」，就會陷入「或許會輸」的恐懼心理中；而如果我們能夠認知到「人人都是我的夥伴」，那麼，對世界的看法也會截然不同。

追求優越性，並不是通過與他人的競爭來完成的。

這讓人不禁想起功夫巨星李小龍的故事。十九歲那年，練習幾年詠春拳的李小龍剛到美國和人比武，在高手如雲的對決中，結果不盡如人意。但李小龍沒有因此灰心，更沒有喪失鬥志。

比武之後，李小龍改正心態，他認真分析對方的招式和套路，然後決定租下一個廢棄的停車場，招一批對中國武術感興趣的學員進行教學。教學的過程中，李小龍一邊教中國武術，一邊和學員切磋學習，研究對方的武術套路。

李小龍把中國武術、綜合格鬥、柔道、空手道、雙節棍等，和健身、舞蹈，以及自己大學學習的哲學和心理學課程相融合，形成一門獨特的功夫。二十四歲那年，當李小龍以嘉賓的身份參賽，在唐人街與其他中國武術高手交手後，被大家稱為「一代高手」。

李小龍從十九歲時的表現平平，到二十四歲的卓然超群，他用自己的實際行動告訴我們：決定你人生狀態的不是其他任何人，而是你自己。

你的成與不成，皆在自己的格局

《被討厭的勇氣》中，那位青年的父母非常嚴厲，不但常常拿他和哥哥比較，而且還總是對他的人生指手畫腳：「你要好好學習。」、「不要跟那樣的朋友來往。」、「至少得上這個大學。」、「必須選擇這樣的工作。」……父母的掌控，一度讓青年面臨巨大的壓力，同時這種壓力的背後也是一種羈絆。青年為自己和父母的關係而苦惱，他不知道怎麼處理這段人際關係。

其實現實中，也有不少人有過和書中青年類似的苦惱，因為父母的期待過高，導致自己焦頭爛額，生活也是一片狼藉。對此，《被討厭的勇氣》中的哲人認為：「我們並不是為了滿足別人的期待而活著。」哲人鼓勵青年，在處理人際關係的時候，不要迴避，而是積極主動去面對。

我們不是考慮「這個人會給我什麼」，而是思考一下，「我能給這個人什麼」。

出生於福建偏鄉的洗腳妹劉麗，在外面工作賺錢，每個月薪資一千八百元，她要寄一千五百元給家裡。然而劉麗回家過年時，父母因為女兒「不光彩」的工作，把她趕出家門。劉麗當時陷入深深的絕望，甚至連「死的心都有了」。

但一個決定改變她的一生。從二〇〇一年開始，劉麗著手資助家鄉的窮困孩子，在幫助他人的過程中，她獲得內心的慰藉，並被評為「感動中國二〇一〇年度人物」。劉麗跳出他人給予的「被動」情緒，選擇掌控人生的主動權，用一種有意義的方式，尋找自己的歸屬感。

正如《被討厭的勇氣》作者岸見一郎說的那樣：「歸屬感不是生來就有的東西，而是要靠自己的手去獲得。」我們往往在感覺自己對別人有用的時候，才能體會到自己的價值。真正的幸福往往源於自我價值的實現與外界的認可。

《被討厭的勇氣》中，哲人一直向青年強調：「面對過去的不快樂，你是選擇深陷其中，還是接受真實的自我，活在當下，這將決定你今後會成為什麼樣的人。」面對不確定的人生，做自己命運的舵手，好過被命運之繩牽著鼻子走。

正如岸見一郎所說的那樣：「過去發生了什麼與你的『此時此刻』沒有任何關係，未來會如何也不是『此時此刻』要考慮的問題。」所以，無論人生之路遭遇什麼，都請盡己所能，去獲得人生的主動權，把注意力放在眼前的「此時此刻」，並過好現下。

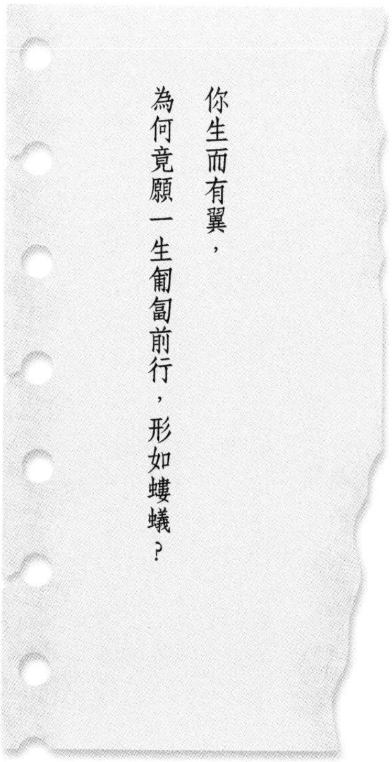

你生而有翼，
為何竟願一生匍匐前行，形如螻蟻？

你真的知道如何休息嗎？

——從《最高休息法》中掌握正確的放鬆方式

你是否有過這樣的狀態：不管是工作日，還是假期，總感覺特別累；就算是睡眠充足，也頻頻感覺到疲憊；做事時，經常無法集中精力，還時常胡思亂想……問題到底出在哪了呢？我們或許能從《最高休息法》這本書裡找到答案。

明明休息得很好，卻還是感到疲憊，到底是為什麼呢？《最高休息法》中指出：「這個世界上沒有什麼高效的休息場所。只要你的內心未被治癒，就永遠無法擁有真正的休息。而最切實可行的休息方法，就是讓你的大腦獲得休息。」

書中的主角小川夏帆（以下簡稱小夏），是一位身心疲憊的留學生，在向腦科學家尤達大師學習後，幫助自己和他人徹底擺脫困境，走出了生活低谷。

在閱讀的過程中，我們可以跟隨小夏的視角，學會在不同情況下如何正確地休息，從而讓自己徹底從疲憊中恢復過來。

所有的疲勞和壓力，都來自雜念

二十九歲的日本人小夏，是同儕人中的佼佼者，她立志成為頂尖腦科學研究者。在完成博士學業後，她如願來到美國耶魯大學，成為一名研究員，然而她的生活境況卻急轉直下。

她被分配到尤達大師的研究所，小夏對此很不滿意，費盡心思轉到尖端腦科學研究室，但是這裡激烈的競爭讓她心力交瘁，更要命的是她的研究經費遲遲沒有批准下來。

屋漏偏逢連夜雨，學術之路已然嚴重受挫，小夏的生活也因為父親的不支持而陷入捉襟見肘的窘境。

走投無路之下，她只得去伯父的貝果店工作。但店鋪的經營狀況很糟糕，不僅生意慘澹，員工們也都死氣沉沉的。才去沒多久，她就跟其中一個員工大吵起來。其他人竟然因此聯合起來，用罷工抗議她的到來。學業的擱淺、生活的拮据、糟糕的人際關係……種種瑣事夾雜在一起，小夏感覺疲憊極了。

生活中，許多人也都有過類似的遭遇：工作時，還一直惦記在學校的孩子；週末陪伴家人時，中途總想起工作中的細節；假期與朋友外出放鬆，卻無法徹底放心家裡的瑣事。仿佛總有千頭萬緒撕扯著我們，導致整個人狀態糟糕透了，每天都感覺特別累。

這些疲憊，大都不是因為身體勞累，而是雜念太多，大腦得不到充分的休息造成的。《最高休息法》中講到，大腦是一個停不下來的器官，就算人在休息狀態，大腦中的預設模式也在低速運轉。腦海中的雜念越多，大腦的負荷也就越大。而預設網路模式所消耗的能量，會占掉大腦整體耗能的六到八成。也就是說，一個人腦海中雜念越多，內心就會越疲憊，整個人就會感覺壓力越大。

大文豪托爾斯泰曾說：「使人疲憊的不是遠方的高山，而是鞋子裡的一粒沙子。」正是那些隱藏在事件背後的念頭，在無形中消耗著我們的能量，讓人感覺日漸力不從心。

聚焦當下，保持正念，大腦才能得到真正的休息

小夏被生活裡的種種挫折和瑣事折磨得不堪重負，於是前去求助尤達大師，尤達大師明確地表示正念可以幫助到她。他說：「身體的疲憊會以各種形式表現出來，比如心情煩躁、沒勁、注意力渙散、無精打采、容易忘事、大白天睏意滿滿等，甚至身體會撞到平時不會撞到的地方。」而這些疲憊的反常現象，究其根本還是因為腦子裡雜念太多，無法聚焦造成的。

小夏回憶貝果店裡同事們的種種表現，決定和大家一起嘗試正念冥想，讓大家學會聚焦，擺脫疲憊。她先是帶領同事們在每次吃貝果前進行飲食冥想，又在店裡開闢出每天冥想的固定地點。起初，沒有人理會她，但隨著小夏的持續行動，逐漸有人加入其中。私下交流時，小夏也順勢給同事一些練習正念的建議，同事們都逐漸發生變化：卡洛斯原來總是丟三落四，犯一些非常低級的錯誤，一段時間後，這些錯誤犯得少了，而且專注力也提升了；黛安娜作為單親媽媽，過去一直神經緊繃，經過正念練習，表情柔和了許多，脾氣也不那麼暴躁了；總是自我否定的友美也變得開始關注自己的需求；小夏的伯父也放下了內心的固執，修復

了和合夥人的關係。

最終，在大家的齊心協力下，貝果店渡過危機，生意越來越興隆。小夏也走出低谷，不僅重回耶魯大學擔任研究員，發表的文章還得到國際知名期刊的認可。

列寧曾說：「會休息的人才會工作，會休息才是提升效率的第一步。」當我們學會把意識集中到當下，讓大腦得到真正的休息後，這些異常的現象也會隨之變少，生活也會逐漸轉回正軌。

7個有效的方法，讓你學會高效休息

對於現代人來講，休息顯得越來越重要，它正在逐漸成為工作的重要一環。真正高效的休息，不但能夠讓我們精神放鬆，更能夠提升一個人的專注力和自制力。《最高休息法》書中，作者久賀谷亮先生為我們介紹了七種高效休息的方法。

1. 正念呼吸法

當感覺腦袋昏昏沉沉時，可以用正念呼吸法，把注意力集中在當下。

坐在椅子上，挺直背部，放鬆腹部，把雙手放在大腿上，雙腳腳掌平踩地面，眼睛可以閉上，也可以平視前方兩公尺左右的位置。然後，先試著把注意力集中在身體上，體會每個部位的感受，再把意識放到呼吸上，體會空氣進入身體的氣流流動的感覺。不要害怕被其他想法打斷，發現後即時拉回到呼吸上即可。

2. 動態冥想

當你感覺心事重重時，可以嘗試動態冥想。

提前設定練習的時機，只要感覺到情緒不對，就可以嘗試開始動態冥想。姿勢也很隨意，站著，坐著或走路都可以，重要的是把注意力放在當下的動作上，感受肌肉、血液，以及身體和物品接觸時的變化。

3. 呼吸空間

當感覺繁重的壓力導致身體狀態不佳時，可以嘗試給自己呼吸空間。

姿勢和正念呼吸法一樣，先試著把感覺到壓力的原因用一句話表達出來，並在心中反覆默念，注意身體的反應，同時用數字給每一次呼吸貼上標籤，體會身體從緊繃到放鬆的整個過程，再將意識擴散到整個空間，感受其中的變化。

4. 消除心猿意馬的方法

當你想要跳脫思考怪圈時，可以嘗試消除心猿意馬的方法。

把腦子裡雜亂的想法設想成一隻隻猴子，牠們都坐在疾馳而來的列車上，自己則是車站的月臺。去觀察列車從進站到駛離的整個過程，去發現自己和想法其實是兩回事，並且逐漸把二者分離開來。

5. 溫柔的慈悲心

當看他人不順眼時，不妨嘗試溫柔的慈悲心，來抑制大腦中預設網路模式的過度活躍。

先做十分鐘的正念冥想，將注意力集中到當下，然後心中設想對自己造成壓力的人，同時默念：「希望你能避開各種危險，平平安安」、「希望你幸福，安心自在」、「希望你身體健康」……並關注冥想過程中自身的變化。

6. RAIN法

當你發現自己控制不住情緒時，就可以用RAIN四步驟法，把自己和情緒隔離開。

R（Recognition）：識別。先認知到憤怒的情緒，但不要牽扯到自己；

A（Acceptance）：接受。然後接受當下的事實，但不做任何評判；

I（Investigation）：探究。觀察此時身體和內心的變化；

N（Non-indentification）：非認同。自始至終，不要因此責備自己，要和情緒保持距離。

7. 身體掃描法

當感覺到身體有痛感時，可以用身體掃描法。

在安靜的環境中平躺下來，注意力放在呼吸時腹部的起伏，而後將注意力集中在腳尖，開始順著呼吸由下到上掃描全身，最後，對於有痛感的部位，再著重掃描一次。

當一個人真正掌握高效休息的方法，也就相當於掌握了效率的開關，能夠更加順利地奔向期待中的目標，成為自己想成為的樣子。

美國作家曾說：「休息是一個重要的技能，一旦你掌握了它，就可以掌控你的生活。」人生浮沉，瞬息多變，學會高效休息，才能提升生活的品質！

最慢的步伐不是跬步，而是徘徊；
最快的腳步不是衝刺，而是堅持。

到底該怎麼活，才不負這一生？

——從《小婦人》中窺見人生的無數種解法

每個年輕人的成長之路都伴隨著甜蜜和煩惱：感情與理智的選擇、現實和理想的差距、貧窮與富有的矛盾……這些較為本質的「成長之重量」，並沒有因為時代的不同而改變。就像《小婦人》中馬區家四姐妹的成長經歷，穿越時空仍繼續提供我們源源不斷的養分，來幫助我們不斷成長，不斷完善自我和生命。

有這樣一部屬於每個男孩女孩的電影，講述了一個不負愛與自由的故事，每個人看完都會笑中帶淚。

這部電影就是橫掃第九十二屆奧斯卡六項提名的《她們》（原著《小婦人》），它改編自美國作家露易莎．梅．奧爾科特的半自傳體小說。小說出版一百五十多年來，不但被翻譯成一百多多種文字出版，還多次被改編成影視搬上銀幕。

書中主角喬的原型就是露易莎自己。由於家庭貧困，露易莎從小外出做工，一邊工作，一邊寫作賺錢。一八六八年，出版社建議她寫一部關於「女孩子的書」，她便根據兒時的記憶寫下《小婦人》，後來，她憑藉這本書一舉成名。

《小婦人》這部小說用家庭日記的形式，將馬區家四個女孩梅格、喬、貝絲、艾美的蛻變成長史娓娓道來。她們從懵懵懂懂的小女孩，成長為獨立勇敢的小婦人。她們的歸宿各不相同，但都過著自己想要的生活。

讀懂這個故事，你就會明白：一個人真正的獨立，是活出自我。

梅格：自由，是自願的生活

馬區是一名牧師，因為幫助朋友，讓原本富裕的家庭陷入困頓。戰爭中，他遠赴戰場，留下妻子和四個女兒在家艱難度日。

梅格是馬區家的大女兒，她美麗溫柔，喜愛演出。為了減輕家庭負擔，她到富有人家擔任家庭教師，上流社會的奢華讓她垂涎欲滴。她夢想著嫁給有錢人，並積極地參加富人的聚會。即使穿著磨腳的高跟鞋去參加舞會扭傷了腳踝，也樂此不疲。她盡力模仿有錢人的言行舉止，卻像一隻格格不入的醜小鴨，遭到羞辱。

梅格與清貧的家庭教師布魯克相遇之後，一切發生了改變。她發現除了金錢之外，人生還有更寶貴的東西。梅格決定嫁給愛情，而不是金錢。馬區姑婆和妹妹喬堅決反對，只有媽媽欣然同意，她對女兒說：「我寧願你們成為擁有愛情、幸福美滿的窮人家的妻子，也不願你們做沒有自尊、沒有安寧的皇后。」婚後，梅格逐漸拋棄虛榮，日子艱苦但知足，他們還生下一對可愛的雙胞胎。

梅格曾經一心嚮往榮華富貴，後來卻因為愛情寧願選擇清貧的婚姻生活。妹妹喬希望她堅持夢想，不要被婚姻所束縛，而婚姻恰恰就是她的夢想。

夢想不分大小，有人追求功成名就，有人喜歡歲月靜好；有人渴望財富自由，有人崇尚精神豐盈；有人願做事業女性，有人甘當賢妻良母。夢想雖然不同，但對個人的意義同樣重要。沒有哪一種生活是必須的，不是大家追求的都是好的，我們不必活在別人的眼裡和外界的框架裡。

自願即自由。自己想要的生活，就是最好的生活。

喬：獨立，是內心的追求

喬是馬區家的二女兒，她的性格大剌剌的，灑脫不羈，像個男孩子。家庭和寫作是她的兩大夢想。

她一心想為家庭分憂解難。為此，她去陪伴尖酸刻薄的馬區姑婆，獲得一些報酬。得知爸爸生病的消息後，她用二十五美元賣掉自己的長髮給爸爸治病。妹妹貝思生病後，她沒日沒夜地守候在她身旁。

喬立志成為作家，用文字賺錢養家。她見縫插針地閱讀、堅持不懈地寫作，終於如願以償成為作家，通過寫作賺錢讓家人過上豐衣足食的小康生活。

鄰居羅禮是個富家公子，和喬是青梅竹馬，兩人有著相似的性格和愛好，十分投緣。喬誤以為妹妹貝絲喜歡羅禮，為了撮合他們，喬遠赴紐約，邂逅了四十多歲的巴爾教授，被他的才華和睿智所吸引。

喬從紐約歸來後，羅禮迫不及待地對她表達愛意，喬卻理智地拒絕了。後來，她遵從內心，嫁給年長又不富裕的巴爾教授。馬區姑婆去世後，將梅園留給喬。他們辦了一所家庭學校，救濟貧困孩子。

無論是夢想還是婚姻，喬都堅持遵從自己的內心。她勇敢追夢，堅持寫作，憑一己之力解決家庭的經濟困難；她放棄帥氣多金的羅禮，選擇志同道合的巴爾。

喬作為獨立女性的代表，激勵了一代又一代人。經濟獨立的人，才有謀生、謀愛的底氣；思想獨立的人，不會人云亦云、隨波逐流；人格獨立的人，不依附於他人。只有這樣，才真正擁有自主選擇的權利。結婚與否，職業愛好，都是內心的追求，而不是對外界的屈從。真正獨立的人，會主宰自己的人生。

貝絲：善良，是生命的底色

貝絲是馬區家的第三個女兒，因為性格內向靦腆，她輟學在家，努力自學。從性格上來看，貝絲像一株靜靜綻放的山茶花，但是在日常生活中，她卻像一隻勤勞的小蜜蜂，靜悄悄地幫助僕人把家裡打理得整潔舒適。姐妹們忘記做的工作，她也一聲不吭地包攬過來。

她彈鋼琴極有天賦，家裡卻只有一架破爛不堪的鋼琴。鄰居勞倫斯先生，即羅禮的爺爺，特意邀請她到家裡來彈琴。貝絲親手為勞倫斯爺爺縫製一雙便鞋，以示感激之情。老人大為感動，送給她一架鋼琴，兩人成了忘年之交。

因為照顧貧窮鄰居家的嬰兒，貝絲不幸感染猩紅熱，一度生命垂危。後來雖然僥倖脫險，但身體卻越來越虛弱。哪怕面對死神的威脅，她依然想著為他人帶來快樂。她虛弱的手指從不空閒，為路過的孩子們製作手套，在窗口投放迴紋針、橡皮擦、剪貼簿等各種小文具。

在人生的最後時刻，貝絲默默地忍受，靜靜地祈禱，她安慰最愛的姐姐喬：「離開人世時，愛是唯一能帶走的東西。」她平靜地離開人世，如同她安靜的一生。貝絲始終活在自己的世界裡，默默無聞地奉獻一切。善良是她的生命底色，溫暖他人，自己也得到滿足。愛與被愛，是她追求的生命意義。

善良的人往往會以自己獨特的方式熱愛這個世界，會認為付出就是幸福，甚至不計得失，不求回報。這樣的人往往也很難被他人所左右，不會輕易打亂自己的節奏，從而擁有完整的內心。

善良的人，給予這個世界最大的溫柔，也值得被世界溫柔以待。

艾美：幸運，是清醒地爭取

艾美是馬區家最小的女兒，有著極高的繪畫天賦。小時候，她有點自私任性，因為和姐姐喬鬧彆扭，就燒掉喬即將完稿的手稿。但人無完人，艾美在成長的過程中也一直努力改正自己的弱點。

關於對未來的設想，自始至終，艾美的目標都清晰而明確，那就是要進入上流社會。知道自己貧窮卑微，她就努力培養才能，提升品味。優雅得體的表現贏得了馬區姑婆和杜維克博士嬸嬸的青睞，因此獲得資助去歐洲遊學。

艾美珍惜來之不易的機會，努力學習繪畫、練習法語、參加聚會，希望憑藉實力擠進上流社會。但是，她逐漸意識到自己沒有藝術天賦，於是果斷放棄當畫家的夢想。事業無望，嫁給有錢人就成為進入上流社會的唯一途徑。

此時，一位叫弗雷德的有錢人對艾美展開熱烈的追求，儘管艾美的目標是嫁入豪門，但她並未被金錢完全遮蔽雙眼，而是在權衡後選擇了自己更喜歡的羅禮，拒絕了比羅禮更富有的弗雷德。

艾美鼓勵因失戀而萎靡不振的羅禮振作起來，兩人逐漸擦出愛的火花。她和羅禮結婚之後，一起設立慈善機構，專門幫助貧窮而有藝術天賦的女人。

許多人覺得艾美很幸運，愛情、財富雙豐收。這與她清醒的人生態度密不可分。想要進入上流社會，她不是等著天上掉餡餅，而是努力讓自己變得更優秀，而且抓住稍縱即逝的機會。

種下梧桐樹，自有鳳凰棲。她目標明確，自信努力，完善自我，抓住一切機會將夢想變為現實。所謂的幸運，很多時候是努力爭取後的結果。一個人想成功，就要對目標和客觀條件有清醒的認識，然後積極主動地去爭取。目標明確，主動爭取，才是清醒的活法。

四個性格迥異的女孩，活出了四種不同的人生。有人選擇婚姻，有人選擇夢想，有人選擇奉獻，有人選擇財富。每個人的結局不同，相同的是她們都善良仁愛，自強自立。她們的成長軌跡是云云眾生絢爛多姿的人生縮影。人生，從來沒有標準答案。跟隨自己的內心，堅持自己的選擇，就是最好的活法。

美國作家梭羅說：「每個人應追隨著自己的心，活成獨一無二的自己。」真正的獨立，就是活成獨一無二的自己。

成為任何角色之前，
先成為熱愛的自己。

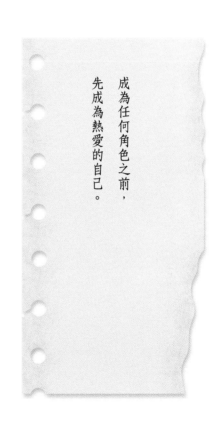

翻篇 —— 308

第六章　心態篇

——人生自渡

如何從日復一日的生活中提升自我價值感？

——從《薛西弗斯的神話》中找到重複的力量

快節奏的時代裡，我們總是走得太快，卻忘了等等靈魂。「為什麼要這樣生活？」、「人生到底有什麼意義？」、「我的工作價值在哪裡？」、「這輩子就只能這樣了嗎？」如果你也曾被這些看似「無解」的問題所纏繞，那麼《薛西弗斯神話》絕對是值得你再三品讀的人生靈魂拷問之作。

一九五七年，法國作家卡繆獲得諾貝爾文學獎，成為史上最年輕的獲獎者之一。獲獎理由是：「他以明察而熱切的眼光，照亮了我們這時代人類的種種問題。」而由他所著的哲學隨筆《薛西弗斯的神話》，正記錄了他對人生價值的深度思考。

書中，主角薛西弗斯因違抗諸神的旨意，被懲罰推一塊巨石上山頂。由於巨石太重，到達山頂後馬上又會滾落到山腳。於是薛西弗斯只能一次又一次地重新把巨石推到山頂，永無止境。面對如此荒謬的工作，卡繆卻認為：薛西弗斯是幸福的。

他的幸福就在於，在重複而無望的生活中不斷「微雕」自己，從而找到了人生的意義。

人生的每一個瞬間，都是獨特的重複

「每天醒來、通勤、工作四小時、午飯一小時，然後繼續工作四小時、坐車回家、吃飯、睡覺；星期一、星期二、星期三、星期四、星期五，同一個節奏，循此下去，大部分時間輕便易過。不過有一天，為什麼的疑問油然而生，於是一切就在這種略帶驚訝的百無聊賴中開始了。」這是《薛西弗斯的神話》中的一段話。生活中的我們，是否也是這麼度過每一天的呢？日復一日地重複著昨天熟悉的工作，熟悉的日常，似乎不用怎麼動腦就能應付。總以為忙過了這陣就好了，總以為等還完房貸就好了，總以為等退休了就有時間了……

然而，生活是一條無止境的河流，跨過這道坎還會有別的坎在等著。生活就這樣一直向前，大部分時候是不悲不喜、不緊不慢地平凡著、忙碌著……其實，我們每個人都是推石上山的薛西弗斯。偶爾回首會感歎：怎麼自己一直在重複著昨天？可就像周國平說的那樣：「人生的每一個瞬間，都是獨特的重複。」看似每天重複的日子，其實是有細微差別的，就像世上沒有完全一樣的兩片葉子，人生中也沒有完全相同的兩天。

回到薛西弗斯的故事，諸神認為再也沒有比無用又無望的勞動更為可怕的懲罰了。然而這懲罰並沒有困住薛西弗斯，反而鍛煉了他的體能，磨煉了他的心志。他想他的命運是屬於他的，巨石也是屬於他的，他堅信可以主宰自己的命運。拼搏的過程，足以充實內心。薛西弗斯在一天天重複推石上山的過程中，身體變得健壯，肌肉變得發達。

人在不同的瞬間，心境是不一樣的，所以即使是重複也可以是不一樣的。如果以成長的心態對待每一份重複，就會獲得前行的力量。每一天，都可以是嶄新的一天。

生命的意義，就是生命本身

卡繆說：「人生是荒誕的，本來就沒有意義。生存本身就是對荒誕最有力的反抗。」

書中，薛西弗斯無休無止地推石上山，他深知無論自己多麼努力地推石，石頭還是會滾落下來。但他沒有逃避，他選擇用自己的行動來對抗荒謬。

在如此努力拼搏的薛西弗斯面前，諸神是失敗的，整個荒誕的世界也是失敗的。心存蔑視，沒有征服不了的命運。這是薛西弗斯的生活，也是卡繆的寫照，他的一生就是與荒誕對抗的一生。

卡繆的父親在他未滿一周歲時，就在戰場上身亡了。卡繆的母親天生耳聾，言語不清，眼神憂鬱，為了養家糊口四處打零工。外祖母粗暴、專橫，且時常喜怒無常，不時鞭打卡繆。卡繆從小便和家人擠在一間狹小的居室裡。

年少時，卡繆是校足球隊的守門員，後因罹患肺結核，不得不放棄熱愛的足球。卡繆從小嘗盡了生活艱辛，後來長大後，又被淪為「癮君子」的妻子背叛，他多次想拯救對方，最終還是白費功夫。

這一切苦難沒能阻止卡繆從生活中汲取養分，反而激發出他對人性深刻的洞察力和對文學的激情。在短暫的一生中，他寫出多部巨作，深深地影響著世人。

也許生活中的我們，終其一生也成為不了某某家或某某偉人，但是誰說平凡就不可以活出自己的風采呢？正所謂苔花如米小，也可以學牡丹開（引自清代詩人袁枚的詠物詩〈苔〉）。

只要自己是認可自己的，向著陽光，迎著雨露，向上生長，努力綻放，誰也無法阻擋你成為更好的自己，除了你自己。活著本身就是意義，或許，平凡才是人生唯一的答案。

追逐的過程，就是人生的意義

面對不斷滾落的巨石，面對無望荒誕的生活，薛西弗斯並不感到絕望。因為他決定享受推石的過程，他認為每次推著巨石爬坡都是在實現自己充滿激情的生命。在一次次走向山腳的時候，他會欣賞身邊的美景，比如廣袤的天地、日出日落、花花草草……

人生本無意義，真正的意義是需要每個人各自去賦予的。把看似無意義的生活，過得風生水起，才是本事。古往今來，能參透命運深意的不乏其人。以蘇軾為例，他一生顛沛，被貶多次，先後遭遇妻兒病故。命運雖給他以磨難，他卻能以樂觀的心態處之，飽經風霜的流放之路，反而成就了他的才情和豁達。他被貶最遠的一次是到當時的蠻荒之地海南，當年他已經六十歲，即便如此，流放的日子也被他過成了詩。

卡繆說：「對未來的真正慷慨，是把一切都獻給現在。」過去已成定局，未來是由每個當下積累而成的，只有眼前的每分每秒才真正是屬於自己的。人生開竅的關鍵認知，就是長期主義。也許努力了不一定能如願，但努力的過程就是一種經驗的沉澱，它會悄悄地讓你變得與眾不同。

對抗荒誕，對抗虛無，最好的方法就是讓生活變得更豐富、更充實。在重複而忙碌的工作和生活中，努力把每一件事情都盡己所能地做好，努力把每天活得精彩，這就是人生的意義。

好好活在當下，去行動，去熱愛，在平凡的生活中活出自我。接受命運的一切饋贈，接受一切風風雨雨，努力追逐的過程，就是人生的意義。

正如卡繆所說：「重要的不是活著，而是盡可能豐富地生活。」世上只有一種英雄主義，就是看清生活真相後，依然熱愛生活。願你我都能像薛西弗斯一樣，忘掉諸神，活出自我。

> 生命好在無意義，
> 才能容我們各賦意義。

如何讓夢想與現實握手言和？

——從《麥田捕手》中悅納世界的本來面目

還記得你的青春嗎？那些青澀、倔強和疼痛的時光。那些渴望長大，卻又害怕長大的日子。人生難免遭遇至暗時刻，但「一個成熟的人會為了某個理由謙恭地活下去」。相信每個孤獨的心靈都能從沙林傑的名作《麥田捕手》中得到治癒。

一九四六年底，二十七歲的美國青年沙林傑從戰場退伍，跑到紐約的城外租房，開始了半隱居的生活。望著廣袤無垠的田野，他突然下定決心要專心創作。正是在這裡，一個關於青春的故事被付諸筆端。它就是小說《麥田捕手》。有人說它是理解年輕人的一把鑰匙，也有人說它是中年人尋找知音的一個暗語。

這本書以十六歲少年霍爾頓的視角，描寫他被學校開除後，漫無目的地在紐約遊蕩三天所遭遇的種種事情。初讀時，我們或許看到的是主角年少叛逆下的憤世嫉俗；但只有見識到社會百態後才會頓悟，霍爾頓的迷惘與焦慮，何嘗不是每個渴望成長之人必經的過程？

人生中，我們總會面對很多無可奈何或無法改變的事。當你不再執迷於對抗和逃避現實，而是向內洞察，正視當下，尊重並且接納它，才能真正掌控未來的命運。

沉湎於過往的偏見，只會讓自己裹足不前

主角霍爾頓出生在一個富裕的中產階級家庭，父母把他送進當地有名的貴族學校就讀。照理說，霍爾頓遵循父母為他規劃的路徑，日後或許會大有所為。可是誰也想不到，他卻成為周圍人眼中的「壞孩子」。不但在打扮上特立獨行，而且言談舉止也盡顯粗俗。更荒唐的是，他故意違反校規，一學期結束後，又因四科不及格被學校退學。其實在此之前，他不只一次被退學。

對於大部分學生而言，面對被學校退學這種情況，大多會不知所措。但霍爾

頓不但不在意，甚至還抱著一絲竊喜。或許對當時的他來說，「被退學」仿佛象徵著一種勝利。因為他早已厭倦中學裡死板的教育和周圍假模假式的人，所以不惜用自暴自棄來宣洩不滿。

不過，霍爾頓在被退學後並未立即離開學校。他參觀完擊劍隊比賽後，又去找曾經的歷史老師斯賓塞老先生道別。老先生擔心少年走彎路，所以特意留紙條要求與他見面。其實，霍爾頓是帶著糾結與矛盾來赴約的。他看不慣校長和一些老師，覺得他們道貌岸然、阿諛權貴，但對這位歷史老師沒太多反感。

當老先生看到霍爾頓對一切不以為意時，還不忘叮囑他：「人生是場球賽，你得遵守規則。」面對老師善意的規勸，霍爾頓嗤之以鼻。他認為自己參加的是競爭實力弱的一隊，根本沒機會上場。因此他固執地拒絕嘗試，蔑視規則。

霍爾頓對世俗榮譽的鄙視，已經根深蒂固。想讓他理性客觀地審視問題，並非易事。此時，叛逆的少年已經一股腦地栽進自我畫線的天地裡，並不相信人生是可以靠後天奮鬥改變的。

劉擎教授曾說：「一個人的判斷力總是有限的，因為判斷的標準只能來自你的學識、經歷、見過的人和遇到的事，它是你經驗的彙集和反思。」年少的霍爾頓自認為看清一些真相，但實際上他只是從自我的主觀世界，臆斷出他所以為的真相。這種認知偏見支撐起來的虛幻象徵，讓他無法窺見內心的狹隘，甚至不加以鑒別就用自甘墮落來反抗。

霍爾頓像是所有曾經陷入迷茫的少年的縮影，關於未來的答案，我們或許無法在學校的課堂上找到，只有在社會中磨礪久了，終會明白，真實的世界就是存在險惡和偽善。你親眼見到的，未必為真。如果繼續固執己見，一意孤行，只會讓人失去理智和判斷力，前方的路，勢必會越走越窄。

見識過人性的底色，依舊沒有對生活失望

後來，霍爾頓乾脆找個理由，逃離老師家。回宿舍後，他剛要享受一段靜謐的時光，這時，一個叫羅伯特·阿克利的傢伙過來了。此人很邋遢，經常被排擠。他還經常未得到別人允許就擅自翻看他人的私人物品，這讓霍爾頓很反感。可是每次阿克利向他借指甲剪，霍爾頓哪怕剛收好，還是不厭其煩地拿給他。

不久，另一個室友沃德．斯特拉雷德也回來了。這人自命不凡，是學校裡的風雲人物。他裝模作樣地跟霍爾頓借約會穿的夾克，誰知，他要見的人竟然是霍爾頓有好感的女孩。不僅如此，斯特拉雷德還大言不慚地讓霍爾頓幫忙寫作文，霍爾頓聽後很生氣，但還是答應幫忙。

善良的霍爾頓看似毫不留情地吐槽每個人，實則卻真誠關心著他們。可是當斯特拉雷德回來，霍爾頓聽到他對約會對象極不尊重和輕視時，一時間，憤懣、懷疑、後悔湧上心頭。他不願看到喜歡的女孩被斯特拉雷德玩弄，又痛恨自己的怯懦，於是控制不住，和斯特拉雷德扭打在一起。最終，霍爾頓受了傷。阿克利看到後，竟沒有過多關心。就這樣，霍爾頓在室友的漠視中，提前離開學校。

他以為來到紐約，就能消除內心的煩悶，但現實並不如他意。霍爾頓找了間旅館暫住。沒想到，皮條客的反訛詐，讓他見識到世間的醜陋和黑暗。許多陌生人的離譜行為一再顛覆這位少年的認知。現實粉碎他的希望，但霍爾頓依然保持著自己的善良和同情心。已經為錢發愁的他還為萍水相逢的修女慷慨解囊；每次搭車，他都惦念著中央公園的鴨子如何過冬。

改變世界很難，因為我們很容易被環境同化，喪失初心。而霍爾頓歷經世俗世故的洗禮，本性依舊和善。他內心對純淨的嚮往，仿佛一個守護孩童天真的麥田守望者，懷抱著純真的信念。

如果說自渡是一種能力，那麼渡人就是一種價值選擇。幫助他人驅散陰霾，亦是善待自己。這種被需要的感覺，是直達心靈深處的慰藉，亦能讓靈魂擁有堅實的盔甲。

懂得與當下握手言和，才能找到屬於未來的出路

輟學後在紐約四處遊蕩的霍爾頓過得非常狼狽，但懾於父母的威嚴，他又不敢提前回家。所以，他約曾經要好的女友莎麗·海斯看演出。倆人見面時，莎麗打扮得光鮮亮麗，第一幕結束後，她像個交際花一樣四處尋找熟人搭訕，遇見認識的人，就裝模作樣地前去與人攀談。

霍爾頓受夠了莎麗的虛情假意，恨不得快點結束這場約會。誰料，莎麗又提出去滑冰的行程。其實她只是為了展示姣好的身材，霍爾頓不知如何拒絕。最後，

由於倆人的滑冰技術較差，於是找了個地方休憩。

霍爾頓開始跟女友吐露對社會的鄙視、對未來的期盼，他只不過是希望得到對方認同，以此來證明自己的選擇是正確的。可是女友並不能理解霍爾頓的掙扎。霍爾頓越說越激動，最後他徹底爆發，和莎麗以分手收場。

此時的少年苦悶又無助，他好像一直在摸索前進，卻又找不到歸屬。霍爾頓迫切地想找個人理解他，給予他指引。但是誰都給不了他答案。於是他做了個決定，冒險回家看妹妹菲比。幸好父母外出，霍爾頓才得以順利溜回家。

面對菲比的責問，霍爾頓瞬間打開了話匣子。他訴說著學校老師的勢利、同學間的霸凌，以及他要去西部獨自生活的計畫。然而聰明的妹妹直接點中霍爾頓的要害：「你對發生的任何事都不喜歡。」一直以來，霍爾頓把不滿歸咎於外界，卻始終沒看清自己的內心。

霍爾頓帶著妹妹出去玩耍，看著大雨裡菲比天真的笑容，他心中的痛苦倏然消逝，仿佛得到救贖。那一刻，霍爾頓終於覺醒，明白自己唯有回歸人生的賽道，與成人世界和解，直面現實的殘酷，才能做夢想的事，成為想成為的人。

一個人真正的通透，不過是源於接納，慧於釋然。無論我們經歷過怎樣痛苦的堅守，生活總能教會我們成熟與臣服。唯有放下執拗，與過往握手言和，才能遇見全新的自己，讓生命重新綻放出光彩。

故事的結尾，霍爾頓選擇繼續上學，不再追求不切實際的理想。其實作者沙林傑也是藉由霍爾頓的經歷告訴我們，生活總會拋給人各種各樣的難題，重要的是你要學會如何與這個並不美好的現實世界相處。

而自我的救贖，命運的嬗變，或許就在我們一念之間。不管經歷怎樣的頹喪和潰爛，想走出人生的寒潮，就得從內心深處接受它的存在，重新以向上的姿態迎接命運的安排。

畢竟，抱怨和逃離，並不能化解眼前的困境與痛楚。唯有向內探尋，才能釐清理想與現實的衝突。悅納所有的不完美，才能構築出一條自洽之路。隨著生命的脈絡逐漸理清，我們才能活出想要的自由。

就算星星碎掉了，
溢出來的光也很好看。

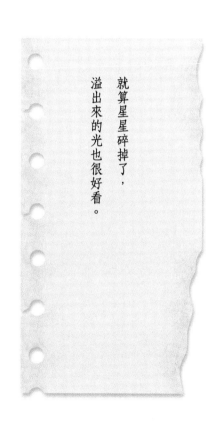

如何成為內心強大的人？

——從《追風箏的孩子》中獲得追求心之所向的勇氣

「為你，千千萬萬遍。」這是《追風箏的孩子》中哈山對阿米爾的承諾，並且他一生都在奉行此承諾，這句話亦是最後阿米爾對索拉博的承諾。友誼、背叛、贖罪、愛情，這些東西不只在阿富汗發生，也在世界上很多角落上演。而每個人的心裡，或許都藏著一個風箏，等待著起飛。

二〇〇五年，一部現實主義題材的小說橫空出世，成為當年的銷售黑馬，隨後暢銷全世界，俘獲了無數人的心。這本書就是《追風箏的孩子》，出自美籍阿富汗作家卡勒德．胡賽尼之手。胡賽尼以自己的童年經歷為藍本，向我們講述一個阿富汗少年阿米爾的成長故事。

讀完這個故事你會發現，軟弱膽小的阿米爾是現實中很多人的縮影，掩飾過自己，迷失過自己，甚至逃避過自己。而通往強大的路，從來都只有一條，那就是直面自己、認清自己、接納自己。

直面自己，擺脫別人的期待

阿米爾出生於一個富庶的家庭，從小過著衣食無憂的生活。可是在別人看來生活在天堂的他，卻一點也不開心，因為他有一個心病：得不到爸爸的關注和肯定。阿米爾知道，爸爸想要的是像他自己一樣勇敢、強壯、愛運動的兒子，而自己卻膽小、瘦弱、只愛躲在屋子裡看書。

一直以來，他努力想活成爸爸期待的樣子，但都以失敗告終。爸爸幫他報名足球課，他即使拚盡全力，也永遠搶不到球；爸爸帶他看比武大賽，他卻被粗魯的場面嚇得號啕大哭……每次爸爸失望的眼神總讓阿米爾感覺如芒在背。

不久之後，阿米爾獲得證明自己的最好機會，那就是拿到風箏大賽的冠軍！憑著這股堅定的信念，阿米爾真的堅持到了最後，成功擊垮其他參賽者。只要僕人哈山把最後掉落的藍風箏拿到手，冠軍這個榮耀就將屬於他們。

但追風箏的哈山遲遲未歸，阿米爾出發去尋找他，卻看到了驚人一幕：哈山被堵在小巷子裡，被迫面對曾經與他們發生過衝突的阿塞夫一行人。為了捍衛阿米爾的榮譽，哈山拒絕交出風箏，勢單力薄的他即將遭受侵犯。目睹這一切的阿米爾，卻轉身逃走了。最後，狼狽不堪的哈山把風箏帶回來了。

阿米爾如願得到爸爸的讚賞，但這份讚賞將永遠摻雜著愧疚與不安。整個童年，阿米爾都活在爸爸的期待裡，為了這份期待，他迷失自我，也背棄了朋友，內心始終得不到快樂和安寧。

楊絳先生曾說：「我們曾經如此期盼外界的認可，到最後才知道，世界是自己的，與他人毫無關係。」生活在人世間，或許每個人都曾為別人而活過。少年時，為父母的期待而活；成人後，為外界的評價而活；婚姻中，為家庭的要求而活。

我們努力活成別人喜歡的樣子，卻忘記捫心自問：哪個才是真正的自己？是否有那麼一刻，只為自己而活？我們終此一生，就是要擺脫他人的期待，找到真正的自己。直面真正的自己，才能打開成長之門。

認清自己，找到人生的意義

阿米爾十八歲那年，阿富汗戰爭爆發，爸爸帶著阿米爾匆匆逃離。兩人幾經輾轉，歷盡磨難，最終成功逃到美國，開始全新生活，也是從零開始的生活。沒有舒適的大別墅，沒有尊貴的身份，沒有管家的照顧，阿米爾父子一切都要自力更生。

在阿米爾心裡，一直記得當年爸爸對朋友拉辛汗說的話：「一個不能為自己挺身而出的孩子，長大以後只能是個懦夫。」他終於意識到，那個要為自己一生負責的人，不是別人，而是自己。

艱苦的生活迫使阿米爾快速成長，他勇敢地為自己做出人生的兩個重大決定。第一個決定，是選擇追求自己的夢想。到美國的第二年，阿米爾考上大學。這一次，他終於不再服從爸爸的期許去讀醫學院或法學院，而是選擇自己喜歡的寫作。即使在爸爸看來，這是個「毫無前途」的選擇。

第二個決定，是選擇堅持自己的愛情。考上大學後，為了生計，阿米爾父子倆到處搜羅二手商品，然後到跳蚤市場擺攤銷售。就在這裡，阿米爾對阿富汗姑娘索拉雅一見鍾情。然而，美麗溫婉的索拉雅，卻因為有過一個前男友而遭人非議。在當時的阿富汗人看來，這是一個未婚姑娘極大的污點。經過一段時間的相處，阿米爾決定遵從自己的內心：請求爸爸幫他向索拉雅家提親。看著兒子終於成長為勇敢的人，爸爸露出欣慰的笑容。從終身職業到終身伴侶，阿米爾終於不再活在他人的期待中，而是勇敢看清內心，為自己而活。

席慕蓉曾感歎道：「我總覺得，生命本身應當有一種意義，我們絕不是白白來一場的。」認清自己的內心，找到生命的意義，是每個人的終身課題。

而我們能給出的最好答案，便是為自己挺身而出，勇敢地做出忠於自己的選擇。正如電影《無問西東》裡的那句臺詞：愛你所愛，行你所行，聽從你心，無問西東。

接納自己，走向真正的強大

「許多年過去了，人們說陳年舊事可以被埋葬，然而我終於明白這是錯的，因為往事會自行爬上來。回首前塵，我意識到在過去二十六年裡，自己始終在窺視著那荒蕪的小徑。」這是故事一開始阿米爾的自述，也是他深藏多年的心結。管家的兒子哈山，是阿米爾從小的玩伴。哈山雖然是僕人，但他善良、強壯、陽光，總是得到爸爸的讚賞。儘管哈山對阿米爾無比忠誠，但阿米爾卻無法控制自己對哈山的嫉妒。

在風箏大賽的時候，懦弱自私的阿米爾拋下深陷險境的哈山。這件事成為阿米爾心裡一根拔不掉的刺。後來，阿米爾為逃避內心的煎熬，誣陷哈山偷了自己的東西，趕走哈山父子。

許多年過去，阿米爾有了全新的生活。就在這時，父親的朋友拉辛汗打來電話，要求阿米爾回到阿富汗，營救哈山的獨子索拉博。這次，阿米爾終於不再逃避。然而，當他匆匆趕到阿富汗的時候，索拉博已經被人從孤兒院帶走了。萬萬沒想到，帶走他的居然是阿塞夫。童年的噩夢再一次重現，這次獨自站在阿塞夫面前的是自己。

阿米爾拚死抵抗，但他手無縛雞之力，節節敗退。在難忍的疼痛中，阿米爾卻高聲大笑。

紮在心頭的那根刺被勇氣包裹，這些必流的鮮血，是為索拉博，是為被拋棄過的哈山，也是為過去卑劣的自己。與過去的自己和解之後，阿米爾終於迎接真正的新生。

每個人都曾有自己的至暗時刻：該忠誠卻背叛的那瞬間，該勇敢卻退縮的那瞬間，能竭力避免卻無可挽回的那瞬間。那些被時光掩埋的痛苦，從來不曾消失，隨時伺機突襲。

《也許你該找人聊聊》一書裡說：「你沒辦法逃避痛苦，只能承認。承認本身，就是最隱蔽也是最關鍵的改變。」面對煎熬的時候，逃避是每個人的本能。但是逃避永遠解決不了任何問題。承認自己的怯懦與卑劣，接納自己的錯誤和痛苦，才能走向真正的強大。

心理學家榮格曾說：「人們會想盡辦法，各種荒謬的辦法，來避免面對自己的靈魂。」直面真實的自我不是一件易事，多少人終其一生都在自欺欺人。而一個人真正的強大，是直面自己後，還勇於認清自己，敢於接納自己。

「做自己」三個字，不僅僅代表擺脫他人的期待，找到心之所向，更代表正視內心的黑暗，與自己握手言和。願我們都能鼓起勇氣做自己，昂首闊步向未來。

悲喜都自渡，
你才是自己的救贖。

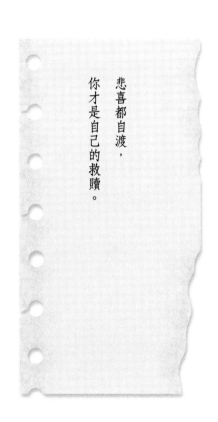

如何在複雜的世界裡保持清醒？

——從《德米安》中獲得精神的覺醒

曾以為，只要解決一個問題，化解一個矛盾，突破一個瓶頸，就能萬事大吉。殊不知，在人生的每一個階段，都會遇到不同的挑戰和艱難。如何走出迷茫與困惑？如何跨越現實的藩籬？讀完《德米安》，或許你能對自己的人生多一分理解與開悟，從而獲得心靈的療癒。

一九一九年，小說《德米安》（又翻譯為《彷徨少年時》）在德國橫空出世，掀起搶購熱潮，兩年內再版了十六次。但作者「辛克萊」卻默默無聞，無人知曉其為何人。直到一九二一年，小說榮獲馮塔納文學獎，作者赫曼·赫塞才浮出了水面。彼時的赫曼·赫塞，正在痛苦中掙扎，面臨家庭破碎、疾病纏身、煢煢孑立的困境。

《德米安》是赫曼·赫塞心路歷程的寫照，是他對自己的療癒，也是對世人的救贖。小說講述少年辛克萊尋找自我的艱辛歷程，德米安則是指引他走出彷徨的引路人，並以不同的身份出現。

正如書中首頁寫的：「我所渴求的，無非是試著依我自發的本性去生活。為何如此之難？」通向自我的路是最艱難的路，自我覺醒，是人生最大的修行。

真實的世界，是善惡並存

主角辛克萊是個十歲的男孩，自小家境優渥，擁有溫情脈脈的親情、溫文爾雅的禮儀和美好有序的生活。他就讀於拉丁語學校，同學多是上流社會子弟。但是，他常常覺得身邊有兩個世界，如同晝夜相融。另一個截然不同的世界屬於僕人及底層民眾，喧囂紛亂、殘暴粗俗。

有一天，他不幸撞進這個黑暗的世界。一個下午，他和兩個同伴閒逛，十三歲的高大男孩克羅默要求他加入他們的小團體。克羅默是公立學校的學生，酒鬼裁縫的兒子，辛克萊並不情願，但不敢拒絕。

他們來到河邊的涵洞，克羅默下令讓他們把有用的物品交給他，他們都乖乖照辦。然後，男孩們紛紛吹噓自己的英雄行徑。辛克萊出於恐懼，編撰了一個故事，說自己偷了磨坊果園的蘋果。因此，克羅默威脅辛克萊，否則就向果園主人告密，除非他給自己兩馬克。

辛克萊沒有錢，只好偷家裡存錢筒裡的錢，但遠遠不夠。他不得不接受克羅默的隨時羞辱，違心地幫他做各種事情。從此，他生活在克羅默的噩夢中，每天戰戰兢兢，心力交瘁。

長期以來，辛克萊猶如溫室的花朵，在父母的保護下無憂無慮，他的世界光明而善良。可是，一場突如其來的霸凌，淋漓盡致地揭開了世界的黑暗與惡意，他茫然無措。他想對父母坦白自己受到的傷害，卻有口難開。

生活如同一條靜靜流淌的河流，表面風平浪靜，其實暗流湧動。真實的世界不如童話世界那般美好，也從來不是非黑即白，而是善惡並存。有人一心向善，追求大公無私，也有人作惡多端，自私自利；有人胸懷坦蕩，做事光明磊落，也有人心胸狹隘，喜歡兩面三刀；有人溫文爾雅，猶如春風拂面，也有人粗俗野蠻，恰似驟雨突襲。

其實，我們每個人身上也是既有善，也有惡。我們無法逃避世界的黑暗，去追求世界的完美。唯一能做的就是在看清世界的惡之後，依然堅定地擁抱善；在接納世界的多面性後，勇敢地踏上尋找自我的旅途。

唯一的真理，是傾聽自己

不久後，學校來了個轉學生德米安，他與眾不同，引人注目，他比辛克萊高一個年級。

有一次，德米安和辛克萊所在的班級一起上課，老師講述經典書籍中的一個故事，故事中的哥哥殺死弟弟，因此臭名昭著。

放學路上，德米安卻說，這個故事可以另作解釋：哥哥卓越超群，人們嫉賢妒能，才編造謠言，讓他聲名狼藉。哥哥是英雄，弟弟是懦夫，哥哥及其後裔都擁有異於常人的「記號」，這個記號是強者打敗弱者的一枚勳章。

這驚世駭俗的觀念令辛克萊大為震驚、匪夷所思，同時也在他平靜的心裡激起了浪花。他開始深思其他的故事。之後，德米安發現辛克萊對克羅默的恐懼，他說：「如果一個人害怕某人，就會將此人的權力置於自身之上。」他不動聲色地出面解決了克羅默和辛克萊的問題。克羅默不僅沒有繼續糾纏，而且看到辛克萊都大驚失色，掉頭就走。辛克萊也向父母懺悔，又重回光明。

後來，辛克萊和德米安一起上堅信禮課，在德米安的引導下，辛克萊開始質疑神父的看法。可以說，德米安不僅將辛克萊救出沼澤地，而且帶他走上質疑真理和權威、探尋知識和自我的起點。

世上沒有絕對的真理，人生沒有理想的範本，幸福也沒有統一的標準。你可以好好讀書，上頂尖名校，也可以學習一技之長，發展自己的興趣愛好；你可以選擇富有挑戰且高薪的工作，也可以選擇收入一般但安穩的工作，還可以勇敢冒險、自己創業；你可以按部就班的結婚生子，也可以做一個自由快樂的單身貴族。

做什麼不重要，重點是擁有自己的選擇權，擁有獨立思考的能力。每個人出生的時候都是原創，可悲的是許多人漸漸活成了盜版。自我意識的覺醒，從質疑觀念開始。敢於質疑陳舊的觀念，不隨波逐流、人云亦云。學會傾聽自己的聲音，找到屬於自己的答案。

真正的救贖，是自我覺醒

後來，辛克萊獨自去另一座城市讀書。起初他是一個不受歡迎的膽小鬼，後來結識學校最年長的學生貝克。在貝克的帶領下，辛克萊迅速墮落迷失，終日泡在酒吧裡尋歡作樂，並成為一群混混的領頭羊。學校的退學警告，父母的責罵失望，他都無動於衷。

直到有一天，辛克萊對女孩貝緹麗采一見鍾情。雖然他倆從未交往，但在一天之內他就決定痛改前非。他再次愛上了讀書和繪畫，享受孤獨和安寧。

十八歲時，辛克萊考上大學，遇到了管風琴師皮斯托琉斯。皮斯托琉斯教會他不必自責與眾不同，要勇敢地面對自我。一段和諧的陪伴之後，他們漸行漸遠，辛克萊超越了領路人，繼續獨自前行。

後來，辛克萊又遇到德米安及其母親夏娃夫人。夏娃夫人一度是他的精神導師和夢中情人，引領他完成內外統一的自我發展過程。戰爭爆發後，德米安和辛克萊都上了戰場。辛克萊在一次受傷昏迷中，德米安向他臨終告別，表示以後不能再幫他對付克羅默之類的人了，他必須傾聽心底的聲音。

辛克萊突然醒悟，一路走來，引路人是德米安，更是自己。在辛克萊彷徨成長的路上，「德米安」以不同的身份面目出現，是德米安，也是貝緹麗采、皮斯托琉斯、夏娃夫人……但最終，變成了辛克萊自己。德米安是辛克萊的另一個「自我」，引領他不斷地尋找真正的自我，走向覺醒。

人生路上，總會出現一些引路人為我們撥開迷霧，指點迷津。但是只有自己覺悟，才會真正發揮作用。而且沒有人是你永遠的保護傘，也沒有人是你一生的引路人。父母、師長、朋友都只能幫你一時，不能幫你一世。

過於依賴他人，很難過好自己的人生。我們每個人都是自己的「德米安」，想要跨越人生的河流，真正的擺渡人是自己，而不是別人。只有自我覺醒，才是真正的成長。

在人生的成長之路上，每個人也都是「辛克萊」，都曾有過彷徨和迷茫。在每個人的生命中，也都會遇見一個或者幾個「德米安」，曾在某個階段陪伴你。但是最終，我們都要找到屬於自己的路，獨自行走。

而尋找自己的路的過程中，必然伴隨著打破種種桎梏與局限的痛苦和掙扎。正如書中所言：「鳥奮爭出殼。蛋就是世界。誰若要誕生，就必須毀掉世界。」

要麼在狹小的蛋內做一隻安逸的小鳥兒，要麼奮爭出殼。願你是後者，奮爭出殼後，展翅高空，自由飛翔。

他們試圖把你埋了，
但你要記得你是種子。

我們該如何面對死亡？

——從《最後14堂星期二的課》中學會愛與道別

生而為人，終有一死。重要的是你能否讓自己不留遺憾，與世界好好告別。「一旦你學會了怎樣去死，你也就學會了怎樣去活。」如果你對人生有很多困惑，或許可以在《最後14堂星期二的課》書中找到答案。

作家余秋雨說：「我曾設想過，什麼樣的人談人生才合適。想來想去，應該是一位老人，不必非常成功，卻一生大節無虧，受人尊敬，而且很抱歉，更希望是來日無多的老人。」

他口中的這位老人，正是自傳體紀實小說《最後14堂星期二的課》中的主角墨瑞．史瓦茲。一九九四年，古稀之年的社會心理學教授墨瑞不幸罹患絕症。墨瑞早年的得意門生——作家米奇．艾爾邦，和他約定每週二都上門聆聽他的教誨，並將他的醒世箴言整理成書，幫助無數人走出對生的迷茫，以及對死的恐懼。

正如書中所說：「一旦你學會了怎樣去死，你也就學會了怎樣去活。」生而為人，終有一死。重要的是你能否讓自己不留遺憾，與世界好好告別。

過度畏懼死亡，比死亡本身更可怕

一九七六年的春天，米奇成為墨瑞教授的學生。兩人一見如故，既是相互尊重的師生，也是興趣相投的忘年交，結下深厚的情誼。米奇答應墨瑞，畢業後會與他保持聯繫，可是他並未信守承諾。

當時，米奇夢想成為音樂家，並不斷向各大樂隊、經紀人推薦自己，卻屢屢碰壁，一事無成。在最為絕望之際，他最親近、最敬佩的舅舅，年僅四十四歲就罹患無法治癒的胰腺癌。親眼看著舅舅日益消瘦、全身浮腫、整夜受罪，痛到整個人變形，米奇感受到前所未有的恐懼。他這才明白，在死亡面前，一個人有多麼無能為力。

米奇放棄音樂夢想，回到學校讀完新聞學碩士，並找到一份體育記者的工作。

他一邊寫報紙專欄，一邊擔任電視評論員，夜以繼日、沒有節制地工作著，彷彿一台持續運轉的機器。他幾乎沒有休息時間，吃飯、開車的時候都在談公事，他還一次次推遲與妻子生兒育女的計畫，當年對墨瑞許下的諾言，也早已被他拋之腦後。

可是他如此賣命，並非是為了賺錢，而是出於內心的惶恐不安。尤其是弟弟也罹患與舅舅一樣的癌症後，他愈發擔心自己哪天也會突然離世，害怕自己的生命歸為虛無。因此，他企圖用金錢、地位和名望來證明自己，主宰自己。

然而，巨大的壓力使他精神緊繃、筋疲力盡，絲毫感受不到生活的樂趣。明明身在人間，他的心卻跌入自己親手打造的地獄。

其實，米奇的痛苦和迷茫，來源於他對死亡的恐懼和無知。他不明白，死亡本就是生命的一部分，盲目對抗必然的死亡，不敢正視內心的恐懼，餘生只會徒留折磨與煎熬。

墨西哥作家卡洛斯·富恩特斯曾說：「生命在前進的同時，它就是在走向死亡。」人生就是一場通往終結的旅程，無論我們如何精心謀劃，都抵不過死神的突襲。但我們應該恐懼的不是死亡，而是從未真正地活過。不必惶恐，也不要逃避，在有限的時間裡，你從容度過的每個瞬間，就是生命賜予你最大的獎賞。

坦然接納死亡，才能活好當下

在與米奇失去聯繫的第十五年，一直牽掛他的教授墨瑞，不幸罹患肌萎縮性側索硬化症（Amyotrophic lateral sclerosis，ALS），一種無法醫治的神經系統疾病。

確診之初，墨瑞感到震驚與絕望，覺得自己好像掉入一個深不見底的洞穴。隨著疼痛、行動不便等問題的到來，他才慢慢接納自己即將死去的事實。他問自己：我是就這樣聽天由命枯竭下去直到消亡？還是不虛度剩下的時光？

一番思索後，他不甘枯竭而死，決定勇敢地走上那座連接生與死的橋樑。在疾病的侵蝕下，他漸漸虛弱，從不能開車，不能行走，到生活無法自理，需要看護二十四小時貼身照料。大多數人會因此感到難堪，他卻絲毫沒有自哀自憐，而是把自己當成嬰兒一樣，試著享受他人的照顧。

他也不願留下遺憾，堅持要在他人的攙扶下，親自去學校與學生們道別。他還提前舉辦了一場「活人葬禮」，邀請自己摯愛的親友們參加。葬禮上，每個人都向他致以情真意切的悼詞，大家又哭又笑，相互擁抱，留下溫馨又難忘的回憶。

預感到自己只有不到一年的生命時，墨瑞做出一個大膽的決定：把死亡當成最後一門課程，讓旁人從自己走向死亡的過程中，學到一些有意義的東西。為此，他接受電視節目的邀請，讓鏡頭記錄下自己躺在病床上的模樣，並講述自己患病後的心路歷程。

墨瑞的無畏與平和，鼓舞了很多籠罩在死亡陰影下的陌生人。他們紛紛寫信給墨瑞，向他訴說煩惱，找他諮詢困惑，更多的是對他表達感激。在死神的追趕下，墨瑞不慌不忙地保持著自己的生活節奏，讓生命的盡頭充滿樂趣，洋溢希望。

史蒂夫·賈伯斯曾說：「死的意義就在於讓我們知道生的可貴。一個人只有在認知到自己生命有限的時候，才會開始思考生命，從而大徹大悟。」怎麼生，如何死，也許早已命中註定，但我們可以主宰貫穿其間的活法。

直面失去的恐懼，暢快自在地享受當下；接納落幕的遺憾，坦然從容地揮手告別。即使死亡如影隨形，依舊能把日子過得熱氣騰騰的人，是了不起的。

學會愛與告別，是人一生的修行

時隔多年，米奇偶然在電視上看到墨瑞的節目，得知他即將不久於人世。傷心之餘，他決定放下一切陪伴墨瑞，成為他最後一堂課的學生，與他一起完成「死亡」這篇論文。

米奇和墨瑞約定好，每週二準時到墨瑞家中，傾聽他對生與死的看法。為了便於溝通，米奇還列出清單，寫下自己好奇的問題，包括死亡、恐懼、衰老、婚姻、家庭、有意義的人生等。而墨瑞僅用短短六個字，就解答了他對人生的種種困惑：相愛或者死亡。

墨瑞八歲喪母，對母親的記憶少之又少。他試圖從父親那裡了解母親的過往，父親卻始終沉浸在喪妻之痛中，不准墨瑞提起死去的母親，也不願和兒子墨瑞有情感的交流，導致父子關係疏離。直到父親突發心臟病去世，他都沒對墨瑞說過「我愛你」，更沒有擁抱、親吻過他。這令墨瑞深感遺憾，也讓他明白了一個道理，人生最重要的是學會如何施愛於人，並去接受愛。

從那以後，他將人生的重心，都放在愛人與被愛之中。在學校，他平易近人，友好地與學生們互動，跟學生們建立起長久而親密的關係。回到家，他和藹可親，從不吝於關心自己的家人，跟孩子們像朋友一樣相處。社交場合上，他也樂於充當傾聽者，積極地為朋友們排憂解難。

更重要的是，他愛自己、愛生活，跟喜歡的人吃一頓美食、伴著動聽的音樂跳一場舞，都會讓他覺得充實而滿足。正是源源不斷的愛的力量，賦予他面對死亡的勇氣。他深信：死亡能終結生命，卻不能終結感情的聯繫。

在墨瑞的影響下，米奇不再自我封閉，開始試著關心罹患癌的弟弟，安排時間陪伴妻子和父母。當他把所有對死亡的恐懼，都轉化為對活著的熱情時，才真正體會到了生命的美好。

墨瑞在書中一再強調：「死亡跟生命一樣自然，它是我們生活的一部分。而愛是永恆的感情，即使你離開人世，你也活在人們心中。」當學會愛與被愛，不留遺憾地度過當下，無論生命何時終結，都不會感到遺憾和痛苦。

人這一輩子，除了愛與死亡，任何東西都是不確定的。你若把命運寄託於外物，便如海上漂浮的一葉扁舟，經不起一絲一毫的波動。只有付出愛，接受愛，享受清風與明月，也不懼死亡的暗礁，才不枉來世間走一遭。

心理學大師史考特・派克評價《最後14堂星期二的課》：「是一部滿懷愛意寫就的作品，以傑出的清醒和智慧，呈現了複雜人生單純的一面。」一個人從生到死之間，充滿了令人不安的未知數，也藏著無數令人驚喜的可能性。關鍵就在於，你究竟要選擇如何生活。

就像作家蕭紅所說：「我不能決定怎麼生，怎麼死。但我可以決定怎樣愛，怎樣活。」積極去做想做的事，用心珍惜身邊的人，你來過，你愛過，你享受過世間豐盈，此生便無怨無悔。

> 死亡不是失去生命，
> 而是走出時間。

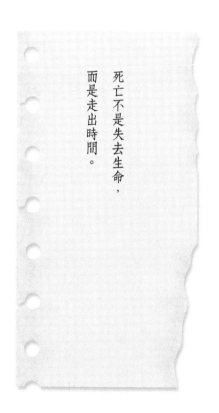

如何獲得內心的秩序感？

——從《罪與罰》中洞察善惡的邊界與人性的真相

殺死一個惡人是犯罪嗎？逃脫了法律的制裁就可以坦然生活嗎？評判這世界善惡的準則到底是什麼？

在《罪與罰》這本書裡，杜斯妥也夫斯基看似在剖析書中人物的人性，實則也在叩問讀者的內心。讀罷掩卷，才發現我們終其一生，都是在與人性較量。

人們在評價魯迅的小說時，總離不開「筆鋒犀利，言辭尖銳，寫盡人性的幽微」，可魯迅自己卻說：「要將現在中國人的東西和外國的東西比較起來，像杜斯妥也夫斯基的《罪與罰》，對比起來，真是望塵莫及。」誠如也夫斯基自己所說：「《罪與罰》是一起犯罪行為的心理分析報導。」

書中講述了貧困大學生拉斯柯爾尼科夫衝動殺人後，受到良心與道德的懲罰，歷經痛苦與孤獨的內心煎熬，最終在妓女索尼雅的感召下，獲得救贖的故事。

初讀《罪與罰》，看到的只是杜翁構建的一幅城市貧民生活的悲慘畫卷，讓人哀其不幸，悲其無奈。再次讀完這個故事，卻從中看到了不同的現實，自我反思後，才幡然醒悟：每個人都遊走在人性的刀刃上，小心翼翼地過著不長不短的一生。

善惡之間僅隔著一條細細的紅線

村上春樹曾說：「善惡並不是一成不變的東西，而是不斷改變所處的場所和立場，平衡本身就是善。」可是，在貧窮面前，拉斯柯爾尼科夫失去了平衡。

他原本是一名法律系的大學生，卻因為家境貧寒，繳不起學費而中途輟學。雪上加霜的是，他還得整日想盡辦法躲避催繳房租的女房東。無奈之下，他只得將父親留下來的遺物抵押給放高利貸的老太婆。

老太婆天生長著一對勢利眼，經常刁難窮人。她不僅故意壓低物品的價格，還苛刻地說，只要押期一過，東西就歸她所有，絲毫不講情面。老太婆的刻薄瞬間點燃了拉斯柯爾尼科夫心中的怒火，讓他萌生殺人的念頭。

回家途中，他在小飯館裡聽到人家在談論老太婆的種種惡行。他越發覺得老太婆不過是有害的蝨子，殺她也是為民除害，算是做一件好事。很快地，他就付諸行動了。

某天，他跑到老太婆的家中，將她砍死。沒想到，這一切恰巧被老太婆的妹妹看到。拉斯柯爾尼科夫怕事蹟敗露，索性把她也殺害了。緊接著，他跑到老太婆房裡，拿走抽屜裡值錢的東西，倉皇逃離現場。

毛姆曾說：「卑鄙與高尚，邪惡與善良，仇恨與熱愛，可以並存於同一顆心靈中。」很多時候，人性是複雜的。殘忍、自大、偽善……都是人性的漏洞，稍不注意，就會深陷其中。為了生存，人們常常會不自覺地權衡利弊得失；為了達到自身利益的最大化，難免要面對善與惡的抉擇。如果任由心中的惡肆意蔓延，我們就會喪失理智，甚至有可能犯下不可挽回的錯誤，最終失去一切。盡己所能遠離惡，趨近善，人生才不會輕易滑坡。

人終其一生都在為良知買單

有句話很符合拉斯柯爾尼科夫殺人後的心境：「良知一旦甦醒，人就再難裝睡。」「罪」所帶來的「罰」正在一點點地吞噬著他。

行兇後，拉斯柯爾尼科夫就得了熱病，連續高燒，昏迷了三天三夜。恐慌與敏感雜糅在他的腦海，使他的神經高度緊繃，整個人變得歇斯底里。

有一天，他聽說警局送來傳票時，以為東窗事發，嚇出一身冷汗。他戰戰兢兢地來到警局後，才知道原來只是女房東向他追索欠款。

剛想鬆口氣，他就聽見有人在議論殺人案，被嚇得當場暈倒。隨後，他急忙跑回家，將老太婆的錢包和首飾埋在人跡罕至的地方，以銷毀罪證。不僅如此，每次在與員警周旋時，他都如履薄冰，生怕露出馬腳。

然而，他還是過不了自己心裡的那一關。他不只一次地向警員暗示自己是兇手。還神經質地跑到作案現場，拉響老太婆房間的門鈴，甚至故意問工人：「血沒有了？」

他的異常行為果然引起員警的注意，員警開始對他步步緊逼，可是苦於沒有證據，無法將他緝拿歸案。

就在拉斯柯爾尼科夫進退兩難之際，案件出現反轉。一位油漆匠撿到老太婆的首飾，將其拿去抵押後，被人舉報，因而成為員警的懷疑對象。沒過多久，油漆工人就向員警招供，承認自己是凶手，拉斯柯爾尼科夫因此逃過一劫。

只是拉斯柯爾尼科夫騙得了別人，卻終究騙不了自己。雖然逃過法律的制裁，卻無法擺脫良知的責難。

古印度的梵文中有句話，寓意深遠：「偉人的行動之所以成功，與其說憑藉其行動的手段，不如說憑藉他心靈的純粹。」有時候，人一旦陷入困境，明知做法不對，也會安慰自己：「稍稍越線應該沒問題吧！」於是，不知不覺就做了壞事。甚至在極端的情況下，還會自欺欺人：「只要結果是好的，就可以不擇手段。」然後，繼續若無其事地為非作歹。

做任何事情，都要對得起自己的良知，做到無愧於心。如果為了一己之私，丟了底線，必然會自食惡果。

愛是苦難中最好的解藥

良心的懲罰，讓拉斯柯爾尼科夫的內心成為永不安寧的戰場。他無法再承受這樣的痛苦，於是，他將這一切都告訴了同樣置身黑暗的妓女索尼雅。

大仲馬曾說過：「痛苦的經歷一旦有人分擔，痛苦就減少了一半。」然而，拉斯柯爾尼科夫的另一半痛苦，仍無處安放。

索尼雅心裡明白，如果拉斯柯爾尼科夫不去面對自己的「罪」，他這輩子都會活在「罰」的陰影中，無法安心過日子。於是，在索尼雅的勸解下，拉斯柯爾尼科夫決定去自首。

在法庭上，他對自己的罪行供認不諱，還詳細描述了謀殺的過程。令人驚訝的是，他竟然對自己盜走多少財物一無所知。最終，法官認定他是衝動殺人而且主動自首，所以對他從輕量刑，判他去西伯利亞服苦役。

善良的索尼雅一路跟隨，並且居住在監獄附近照顧他。起初，拉斯柯爾尼科夫總是一言不發，如同沒有靈魂的喪屍，整天只知道機械地勞動。

每次索尼雅來探望他，告訴他家中的情況，他也無動於衷，甚至用傲慢粗魯的態度對待索尼雅。直到有一天，他發現索尼雅好久沒來探視，這讓他惶惶不可終日。他心急如焚地派人打聽她的消息，得知她只是感冒了，才放下心來。

後來，當病癒的索尼雅出現時，拉斯柯爾尼科夫終於哭著摟住她的膝頭。他的心曾被苦難的風沙掩埋，是索尼雅的愛吹散了一粒粒沙子，讓它重見光明，煥發生機。書中這樣寫道：「愛，使他們復活了，彼此的心，都為對方蘊藏了滋潤心田且取之不盡的生命源泉。」

行走於人世間，孤獨似乎是每個人都曾有過的經歷。很多時候，人們以為的孤獨只是一個人形單影隻地生活。殊不知，最讓人難以承受的孤獨，莫過於靈魂的無處寄託。

一個人越是感覺孤獨，便越是懷有強烈的愛之渴望。若能遇到心靈契合的人，為你拂去心上的塵埃，成為你餘生堅實的依靠，生活便會煥然一新。

雨果的《悲慘世界》中有句話，讓人印象深刻：「人生最大的幸福，就是確信有人愛你，有人因為你是你而愛你，或更確切地說，儘管你是你，有人仍然愛你。」在這個世界上，愛你的人，會成為你永恆的慰藉；真正的愛，是苦難中最好的解藥。

《罪與罰》的故事，從瘋狂和掙扎開始，以救贖和復活結束。細細品味拉斯柯爾尼科夫的一生，才發現映射出的是每個人內心可能面臨的深淵。

無論身處什麼時代，無論面對什麼樣的痛苦，愛始終是亙古長明的燈塔，是我們生命的源泉。當你誤入歧途時，它會將你從地獄中拉回來；當你遭受生活的暴擊時，它會撫平你心裡的傷痕。在歷盡人間困苦後，愛是讓人仍能心向光明的力量。

> 這個世界上有兩樣東西，你一定不要去深究，更不能去直視它，一個是耀眼的太陽，另一個就是人心。

如何順利走出人生的困境？

——從《我與地壇》中獲得的生存哲學

也許你正值家庭美滿，卻被病魔纏身；也許你用心工作，卻遇到行業沒落；也許你每天摸黑就起身工作，卻始終還不起房貸……我們這一生，難免要與悲痛相隨。如果你覺得人生痛苦無望，請讀讀史鐵生的《我與地壇》（簡）。

有很多人，因為生活不順而陷入愁苦絕望的困境，他們去到史鐵生筆下的地壇，期望找到擺脫苦難的解藥。史鐵生看向一雙雙焦灼而充滿期待的眼睛，微微含笑：「我已不在地壇，地壇在我。」

曾經，史鐵生把面對人生苦難時無處安放的煎熬、焦灼與困境投射給地壇，地壇像是一個具象化的內心牢籠。與地壇相守十五年，史鐵生在地壇尋找安靜、獲取能量，找到活下去的希望。當他擺脫並超越了重重苦難後，地壇也早已幻化成他心中的精神圖騰。

所以，他把這生存與勇氣的圖騰寫進《我與地壇》，恰是在告訴我們，真正的地壇不在別處，就在你我心中。每當面臨困境，我們往往把希望寄託於外界，向外找尋力量支撐。殊不知，只有內心的覺醒，才會給人生清醒的引導。

真正讀懂《我與地壇》才明白，越過內心那座山，便是重生。

苦難是常態，而受害者的心態可以選擇

英國作家曾說：「一切人生都是艱難的，而其中有些得以實現完美，是對痛苦的態度使然。」人生在世，免不了遭遇困境，有人沉淪於悲苦中不能自拔，而有人撕裂痛苦後涅槃重生。是做受害者，還是當倖存者，選擇由你。

史鐵生並非天生殘疾，少年時他體格健全，曾是馳騁賽場的運動健將。二十一歲時，命運重錘於他，一場重病後，他的下肢徹底癱瘓。從此，史鐵生的餘生永遠被輪椅囚禁。

癱瘓後，他找不到工作，也找不到出路，把自己視為世界的棄兒。一時間難以接受失去和變故，史鐵生憤恨老天不公，為什麼降厄運於他？他甚至一心求死來逃避現實，三次自殺未果。母親後怕不已，從此把他看護得更緊了，甚至寸步不敢離身。他卻把母親的關切照料當作一種恥辱，冷漠暴躁地抗拒和排斥著。

終於有一天，他發了瘋一樣地離開家。他負氣而又吃力地挪動著輪椅，把自己帶進了一處荒蕪的園子，這處園子便是他宿命中的地壇。史鐵生不想被任何人看見，於是一個人躲在園子的角落裡，悄悄藏起來舔舐傷口。只有地壇，看見並包容著他所有無處釋放的痛苦。

後來，他經常一個人去到園子，或坐在樹下默想，或搖著輪椅慢慢移動。他從剝蝕了的朱紅，坍塌了的雕欄裡窺探出地壇曾經的昌榮，也從蒼勁挺拔的古柏和競相生長的草木間照見了生命的真實。他慨然歎息：「地壇荒蕪但不荒廢。」

由此他聯想到自己，身體殘缺了並不可怕，最怕的是心中沒了生機，於是豁然了悟：死不是一件急於求成的事，而是一個必然會到來的節日。在地壇的啟示下，史鐵生選擇向死而生，決定帶著殘缺坦然面對和擁抱苦難的一生。

人生的苦楚，不是來自現實，而是源於對現實的不滿與抗拒。心理學家艾格拉曾說過：「可怕的事情發生之時，人們就像墜入了地獄。但這些具有毀滅性的經歷也是重新組織自己的機會，讓我們決定想要過怎樣的生活。」被命運欽點的苦難，我們無法選擇又無力改變，但我們可以選擇的是以何種心態回應苦難。

如果一味怨恨和抗拒，就會困在受害者的心牢裡，成為命運的傀儡；而如果你不向命運認輸，那就以無所謂又無所畏的心態，換一種更好的方式，做出改變。救贖之道在心中，我們的內心可以描繪和引導人生的走向。

接受生命的恩典，與自己和解

人在低谷時，自渡是最好的解藥。自渡不是僅憑意念自我安慰，更要用行動自我擔當。遠離自暴自棄，學會自強自立。

起初，史鐵生是為逃避現實躲進地壇。地壇像摯友，收留魂無歸依的他，為他消解絕望，也讓他重拾信心。在地壇，找回自己的史鐵生放下尋死的念頭，開始為活下去做打算。

母親跑遍勞動局為他求來一份工作。史鐵生不忍再辜負母親的苦心，便去工廠做臨時工，和孤寡老人、身障者一起糊紙盒畫扇面，這份工作每個月可以得到十五元的工錢。但他不甘心，在短暫的迷茫後，他想起兒時的夢想，想起十歲時他曾拿過作文比賽第一名。

於是，史鐵生開始試著寫小說。母親發現後很驚喜，她到處為他借書，默默做他的後盾，讓兒子全身心投入寫作。後來，他就帶著紙和筆，躲在地壇的角落裡，潛心寫作。在地壇，他寫與天地萬物的對話，寫對人間苦難的思考，寫自我救贖的心路。這時的地壇更像是一位導師，引領史鐵生真正步入文學殿堂。

隨著文章陸續在報刊上發表，他作品中傳達的精神被讀者共振傳頌。他終於寫出了名堂，為自己闖出一條新路。但讓史鐵生抱憾的是，當他在文學上有所成就時，母親早已離世多年，再也看不到了。

有一次，史鐵生一位的朋友聊到寫作時，說起自己寫作是為了讓母親驕傲。朋友的話深深刺痛他的心弦，他反思，自己的寫作之路又何嘗不是母親的路呢？

他在地壇扶輪問路的每一處，都曾留下母親愛的痕跡。母親曾小心翼翼地呵護他的自尊，又擔心他的安危，總是在他獨自來地壇時悄悄追隨其後。當他在腦海反反覆覆追憶著母親，他漸漸理解了母親的苦心和難處。他多麼希望能再見母親一面，向她傾訴衷腸。

大概是思母心切，老天托夢給他說：「母親太苦了，召她回去。」史鐵生夢醒後漸釋然，從此把對母親的所有情感寄語在文字裡。雖然文字治不好他身體的病痛，卻療癒了他的心傷。他接受身體的殘缺，接受生命的恩典，精彩地活出了生命的價值。從這個意義上說，寫作，正是地壇引導他選擇的自我和解之路。

一位作家說過：「一個人，若能不跟自己較勁，處處放自己一馬，就是置心靈於曠野，給心靈以自由。」人生不如意事十之八九，若處處較勁，則終生心累，不如放過自己，成全生命的豁達，也放過別人，擁有慈悲的心懷。學會用放過的方式與自我和解，方寸之間，天地皆寬。

把不息的欲望變成不朽的希望

史鐵生在《我與地壇》中頓悟：「人真正的名字叫作欲望。」並為此進行靈魂拷問：「是消滅欲望同時也消滅恐慌？還是保留欲望同時也保留人生？」

史鐵生初入地壇時，地壇是他內心牢籠的具象化投射，相守年後，地壇早已成為托舉他重生的心靈烏托邦。地壇就像有一個「園神」，無處不在地注視著史鐵生的一舉一動，看著他從迷茫到堅定，從軟弱到堅強。

史鐵生一直在地壇思考三個問題：要不要去死？為什麼活？為什麼寫作？對身體殘缺的抗拒一度讓他想以死解脫。尋死不成後反而想通了，他有了活下去的欲望，但又伴隨著如何活的恐慌。

他是個身障者，在世俗的標準中是不被接受的勞動力，因而他找不到一份體面的工作。為了證明自己即便殘缺也有存在的價值，他開始寫作。最初寫作是為了討生計，沒想到寫著寫著，真寫出了價值。但新的恐慌又來了，他又開始焦慮自己一旦無法持續性寫作，那個證明就失去意義。

所以，他不再只為自己的個人情懷而寫，而是為眾生、為天地萬物而寫。寫作變成他的精神依託，也是理想信念。於是，他接受自己永遠處在恐慌中，也承認欲望是他一生的罪孽和福祉。

他在園子裡待得久了，見過形形色色的人，與他們有過難忘的交織。園中，存在著一個孩子，他歡呼雀躍，對萬事萬物新奇；也存在一個老人，他垂垂老矣，走向自己的安息地；又存在一對情侶，他們兩情相悅，一刻也不想分開。

這些人好像都是他又都不是他。他以前是孩子，要看世界，要新奇；也是愛侶，要存在，要表達；但最終變成老人，眷戀著世界，不願離去。園中的太陽這頭落下又從那頭升起，某一天園中又會出現一個活潑的孩童。死成為另一種生，這種方生方死，就是永恆的希望，是所有人的欲望交織在一起煉成的。史鐵生是永恆中的一部分，他的精神也終將被延續。

作家王統照說過：「人生存於欲望之中，而為欲望牽線的是希望。」生於欲望之中而沒有希望，這樣的人生是悲哀的。希望從來不是在被證明後才能成立的，它雖然渺茫，但總是深深紮根在人心裡。你不是能夠實現希望，而是把不息的欲望變成不朽的希望，使你自己成為希望。所以，哪怕不知人生去向何方，努力活下去就是希望。

作家余華曾經這樣回憶史鐵生：「鐵生給我寫過一封信，信的最後一句話是『我是這個世界上最幸運的人』。他對這個世界沒有任何怨言，對這個世界充滿了愛。」

史鐵生的一生經歷了無數的厄運和病痛折磨，他卻在這些痛苦中參透生死，省視命運，體悟大道。自我心態上，也從絕望到豁達，他超越身體的苦難，更越過了內心的那座山，正所謂「知其不可奈何而安之若命」。

他在地壇，以輪椅和文學作方舟，在傷痛與苦難中艱難自渡，得以重生；地壇在他，以無畏和不摧的精神，普度了眾生。也希望讀完這本書的你我，都能越過內心那座山，朝著心之所向，一往無前。

所謂勇敢，不是從不落淚，
而是願意含著淚繼續奔跑。

翻篇

翻閱好書，翻越低谷，用 42 本經典好書的智慧，解答現代人的內心困局

作　　者　帆書（前樊登讀書）
美術設計　謝佳穎
內頁排版　高巧怡
行銷企劃　蕭浩仰、江紫涓
行銷統籌　駱漢琦
業務發行　邱紹溢
營運顧問　郭其彬
責任編輯　吳巧亮
總 編 輯　李亞南
出　　版　漫遊者文化事業股份有限公司
地　　址　台北市103大同區重慶北路二段88號2樓之6
電　　話　(02) 2715-2022
傳　　真　(02) 2715-2021
服務信箱　service@azothbooks.com
網路書店　www.azothbooks.com
臉　　書　www.facebook.com/azothbooks.read

發　　行　大雁出版基地
地　　址　新北市231新店區北新路三段207-3號5樓
電　　話　(02) 8913-1005
訂單傳真　(02) 8913-1056
初版一刷　2024年10月
定　　價　台幣380元

ISBN　978-626-409-012-4

國家圖書館出版品預行編目 (CIP) 資料

翻篇：翻閱好書，翻越低谷，用42 本經典好書的智慧，解答現代人的內心困局/帆書(前樊登讀書)作. -- 初版. -- 臺北市：漫遊者文化事業股份有限公司出版；新北市：大雁出版基地發行, 2024.10
368 面；14.8×21 公分
ISBN 978-626-409-012-4(平裝)
1.CST: 自我實現 2.CST: 自我肯定 3.CST: 成功法
177.2　　113014898